EMIGRAR ES VIVIR

Roberto Fahnoe

iUniverse LLC
Bloomington

EMIGRAR ES VIVIR

iUniverse books may be ordered through booksellers or by contacting:

iUniverse LLC
1663 Liberty Drive
Bloomington, IN 47403
www.iuniverse.com
1-800-Authors (1-800-288-4677)

ISBN: 978-1-4917-3543-5 (sc)
ISBN: 978-1-4917-3544-2 (e)

Printed in the United States of America.

iUniverse rev. date: 06/03/2014

CONTENTS

HACIENDO PLANES

Corría el año 68, y yo siendo un joven de 25, viviendo en la Argentina, tratando de salir adelante con mis aspiraciones de triunfos que dificilmente me parecían que iba a poder lograr, dado a las inestabilidades políticas, desempleo, y frustraciones típicas de la época especialmente en la juventud, empezaron a germinar en mi mente ideas de hacer algo diferente, algo especial que no a todos se les ocurría; emigrar.

Asi que por lo tanto empecé a pensar y tratar de figurarme como iba a encarar este desafío que no todos encontraban interesante.

El país pensado para ir era los Estados Unidos, del cual habia oido mucho hablar, mas toda la influencia de las películas, de las fotografias y de los adelantos comparados a los demás paises, que estaba convencido que allí podia triunfar mas facilmente en mis proyectos.

Empecé por lo tanto a planear la fecha, la cual sería en enero, y el lugar de arrivo preferentemente Miami. Además debía pensar en que podria trabajar, ya que mis conocimientos eran haber cursado el secundario en una escuela industrial politécnica, y alguna experiencia en

música, ya que tocaba guitarra en los conjuntos de rock de la epoca.

Había también hecho un curso de piloto privado de avión, pero cada vez que debia rendír el examen para obtener mi licencia, el inspector que debía examinarme no aparecía por diferentes causas, y el dinero para mantenerme entrenado se me estaba acabando, asi que lo suspendí por el momento y pensé que si llegaba a residir en Estados Unidos algún día, lo completaría alli, y quizá con mas oportunidades.

Asi que me dediqué a la tarea de informarme acerca de el país de destino, tratar de hablar con muchachos que ya habían viajado y de sus experiencias y todo lo que me pudiera dar un conocimiento mas preciso de lo que significaría esta aventura.

Muchos me alentaban y otros no me daban una imagen muy positiva de lo que experimentaron al emigrar, pero realmente yo tenía un entusiasmo que era mas fuerte que cualquier opinión negativa que me pudieran dar, asi que debía empezar por tramitár mi pasaporte y luego obtener la consiguiente visa de turista por un año expedida por el consulado americano, ya que la residencia era un imposible debido a que yo carecía de una profesión que estuviese en demanda en los Estados Unidos.

Luego vino la tarea de convencer a mi familia acerca de mis planes, pero no tuve realmente dificultades para que entendieran mis motivos, ya que la Argentina estaba pasando por muchos problemas mas que todo económicos y políticos en esos momentos.

Muchos trataron de convencerme que todo iba a mejorar, pero yo no lo creía y me daba cuenta que mi espíritu de aventura era diferente a la de muchos de ellos, asi que decidí seguir adelante con mis proyectos y no dejarme convencer de nadie mas, ya que casi todas la opiniones eran distintas.

Comencé entonces la tarea de averiguar el precio de los pasajes, y cual aerolinea podría ser la mas conveniente. Debido a que no tenía ninguna experiencia en viajes en gran escala, me hacía sentir temor a lo desconocido, y las dudas me embargaban todo el tiempo.

El tratar de obtener el pasaporte argentino, era algo bastante problemático en esos tiempos de dictadura, por la eterna burocracia para todo ese tipo de trámites, pero después de unos meses finalmente pude tener en mis manos el valioso documento y visado por el consulado americano con una visa de turista por un año.

Cuando tuve todo listo, el pasaje, pasaporte, la fecha de partida, el equipaje, me despedí de mis padres, de todas mis amistades, familiares y emprendí el primer viaje hacia el aeropuerto de Buenos Aires, bastante mas pequeño de lo que es ahora y con mucho menos tráfico aereo también, acompañado de un par de amigos a unas seis horas de mi ciudad, Rosario.

Mi primera impresión fue volar en un jet, algo que todavía era para gente que podía pagar el pasaje, casi un lujo diría yo de aquellas epocas, pero que se estaba tornando mas accesible a finales de los sesenta.

Me acuerdo que iba lleno (un boeing 707) siendo la mayoría del pasaje juventud y todo el mundo estaba vestido muy formalmente.

El avión hizo como tres escalas y después de largas horas llegó al aeropuerto de Miami a tempranas horas de la mañana. Todos los pasajeros bajamos del avión y procedimos a pasar por inmigraciones, mostrar pasaporte, etc., y luego a buscar el equipaje, y pasar por aduana.

El mio era una valija enorme ya que cargaba con casi toda mi ropa y efectos personales.

Todo fue muy bien dado que yo estaba completamente legál, con visa de turista por un año y cincuenta dólares en el bolsillo, pequeña cantidad, pero eso era todo lo que podía traer, y siempre un poco nervioso por el stress de todo lo nuevo que estaba aconteciendo.

Después de pasar la revisación de la valija por la aduana, empecé a caminar hacia la salida, cuando de repente, se paró frente a mi un hombre vestido de traje y corbata mostrándome una identificación de autoridad, y como yo no hablaba casi nada de inglés, el me habló en español, ordenándome que dejara el equipaje en el suelo y lo siguiera.

Noté entonces que vino un uniformado,recogió mi maleta y se dirigió con nosotros hacia una oficina donde había una mesa, pero no sillas. Demás está decir que por mas transparente que yo estuviera, la adrenalina corría por mi cuerpo a chorros, y mientras trataba de pensar que error podría haber cometido, me preocupaba que solamente tenía esos cincuenta dólares en el bolsillo, lo cual era poco para un turista que llegaba a vacacionar en USA, y si empezaban a hacerme preguntas difíciles, y de responder algo incorrecto, podrían despacharme de vuelta a mi país, quizá por asumir ellos que mi intención era quedarme a trabajar y residír en los Estados Unidos con solamente una visa de turista, lo cual no era permitido por la ley de inmigraciones.

Bueno, entramos los tres a la habitación y el uniformado depositó la maleta encima de la mesa y nos dejó al hombre que me detuvo y a mi a solas. Este con toda tranquilidad me miró a la cara y me pregunto; trae Ud. algo ilegál, como ser drogas, o algo que debía declarar pero que no lo hizo? Inmediatamente le dije que no, pero le dije que estaba nervioso por lo que estaba pasando, pero que no me encontraba al margen de la ley.

Entonces me preguntó; me permite cortar el género de adentro de la valija para ver si hay algo que Ud. esconde? A lo cual le respondí ya mas tranquilo que podia cortar toda la valija si quería, que yo estaba bién. Entonces el hombre empezó solamente a urgar con los dedos y pasar la palma de la mano por toda la maleta ya que era de género. Revolvió, sacó toda la ropa afuera y la revisó una por una hasta que finalmente la acomodó, y muy ordenadamente la puso de nuevo adentro, la cerró y me dijo; puede irse nomás, me estrechó la mano y me dijo, son rutinas de seguridad, tenga ud. un buen pasár en los Estados Unidos.

Me dirijí hacia afuera del aeropuerto a buscar un taxi para ir a Miami y encontrar algun hotel donde empezár esta aventura. Inmediatamente al abrír la puerta de salida hacia la calle sentí el frio que estaba haciendo afuera, algo raro que no había calculado, ya que me habían dicho que Miami era cálida todo el año, pues no, era invierno y a veces los frentes frios del norte bajan hasta la península. Bastante desabrigado empecé a mirar a los taxis y autobuses, cuando uno de los taxistas me preguntó en inglés al que yo apenas entendí, probablemente donde iba. Yo le dije; Miami Beach, how much? El hombre entendió y con los dedos de la mano me dijo; seis dólares. Okey, repliqué, a lo cual el me abrió la puerta del auto y cargó la valija en el baúl.

Ya por el camino, me preguntó en su españól mal pronunciado, adonde en Miami Beach?, a lo que yo le dije; hoteles...

Pareció entender y siguió manejando mientras yo admiraba todo lo Nuevo que veía y pensaba en el próximo paso a seguir.

Despues de pasar los puentes que llevan hacia la playa, entramos a la famosa avenida Collins y después de unos diez minutos de andár en este lugar, detuvo el auto, y me dijo; todos esos edificios son hoteles, esta bién aqui? Dije que si, y le di los seis dólares, mas uno de propina y me bajé del auto.

ENCONTRANDO TRABAJO

Estaba cansado, con hambre, frio y unas terrible ganas de ir a un baño. Empecé a caminar por la avenida, y observando las entradas de los hoteles, los cuales se me hacían lujosos, otros no tanto, pero todos eran lindos para mi, especialmente porque todos tenían porteros muy bién uniformados parados en la puerta o en la acera, y las salas de recepción se veían lujosas.

La necesidád de encontrar un baño me empujó a dirijirme directamente a uno de los porteros y encararlo.

Me arrimé a uno que estaba en la puerta abriendo y cerrándole a los turistas, lo miré rogando que me entendiera, y como le vi cara de latinoamericano, directamente le pregunté si hablaba español, a lo cual me dijo, si señor, me permite la maleta?, entonces le dije, estoy buscando el baño y necesito la valija conmigo, podría indicarme donde queda? y cuando vuelva tengo que hacerle una pregunta. El me dijo como ud. quiera señor, y seguidamente me indicó el camino hacia los "rest rooms."

A la vuelta del baño, me dirijí directo a el, lo miré, y como me inspiró confianza, le dije; recien acabo de llegar desde Argentina y estoy buscando trabajo, tengo dinero para pocos días y estoy con visa de turista, no sabe si hay alguna oportunidad en este hotel? El portero, un tipo joven me miró sorprendido, pero muy amigable, y me dijo tuteándome; primero de todo nunca digas que eres turista si estás buscando trabajo, eso esta prohibido, y te pueden deportar inmediatamente.

Seguidamente me dijo, actualmente hay un puesto de lavaplatos, y puedes alojarte en el hotel en una habitación que tienen para los empleados, a muy bajo precio y te va a convenir, incluso los que trabajan en la cocina tienen incluida la comida lo cual es un ahorro. Ven conmigo y te presentaré a mi jefe que es quien toma a los trabajadores.

En diéz minutos, estaba frente a mi este hombre,(también latino) el cual me miró detalladamente, me hizo algunas preguntas como de donde era y si tenía familia en Miami, etc, luego puso cara de pensativo y al rato me dijo que podía empezar al día siguiente como lavaplatos en la cocina del hotel. Me dió algunas explicaciones mas acerca del salario, días de pago, y me indicó donde estaba la habitación que el hotel le asignaba a los empleados que eran de afuera y no residían cerca del area.

Me pareció fantástico, como si se me hubiese abierto un paracaidas en el momento mas preciso. Hacía un par de horas de haber llegado y ya había encontrado trabajo

Tomé mi valija, fuí a bañarme, descansar, y a prepararme para el trabajo que empezaría al día siguiente.

La habitación era muy decente, espaciosa y confortable, y la compartiría con otros dos jóvenes latinos, los cuales luego me enteré estaban en condición de turistas, también trabajando sin el permiso de inmigración correspondiente. Después me contaron mis compañeros que estos trabajos no eran visitados por los inspectores, ya que los sueldos eran pequeños y muchos de estos empleados trabajaban por un tiempo y despues regresaban a sus paises con algunos ahorros en dólares que les representaba mas de lo que hubieran podido ganar en sus países de origen en la misma cantidad de tiempo.

A la mañana me presentaron algunos compañeros y me enseñaron el lugar de trabajo; una gran pileta en la cocina, donde lavaría platos y cubiertos por toneladas, y las máquinas que usaban también para acelerar el trabajo de lavado.

El hotel era de bastante prestigio en el área y era famoso por su restauránt y fiestas bailables.

Los que trabajaban en la cocina me dijeron que me preparara para los fines de semana, ya que el comedor era muy concurrido, y había trabajo sin parar. Yo estaba preparado para todo ya que quería salir adelante.

Al día siguiente me presenté en la cocina y comenzó la jornada, todo fue muy bién.

A las horas de las comidas venían las bandejas de platos y cubiertos para lavár sin parár, era practicamente como una carrera, y siempre bajo la mirada del supervisor de la cocina.

Al llegar el viernes, a la noche había fiesta y baile, con orquestas, algo muy interesante para mi, ya que como yo era músico tambien, quizá podría encontrar alguna oportunidad mejór y en un trabajo que me gustaría mas que el actual, pero de todas maneras me sentía agradecido de estar trabajando. Se me hacía dificil creer como todo sucedía tan rápido, y me parecía que todavía no había llegado, los viernes eran los días de cobro y asi el primer fin de semana tuve mis primeros dólares en el bolsillo, salario que superaba al que yo ganaba en mi país cuando trabajé una vez como viajante representando a una línea famosa de anteojos de sol y de cosméticos.

Todas las veces que podía enviaba cartas a mi familia y a algunos amigos, los cuales entusiasmados por mi odisea, decidieron hacer lo mismo, y actualmente, algunos hicieron brillantes carreras, terminando como inmigrantes permanentes y ciudadanos americanos igual que yo, pero otros no aguantaron, quizá la nostalgia o no se adaptaron, y después de un tiempo se regresaron a su tierra.

Un fin de semana, cuando en el hotel había baile con orquesta, aproveché un descanso en mi trabajo de la cocina, y me arrimé al escenario a observar a los músicos tocando y disfrutár de su actuación, la cual me pareció muy buena y profesionál.

Después de pensár un rato, me decidí a encararlos, fuí hacia uno de los músicos, cuando estos pararon de tocar por un momento para descansar, y al ver que hablaban españól, me presenté, y les comenté que yo era músico también, y les dije que estaba disponible en caso de que necesitaran a un guitarrista.

Pusieron cara como de sorpresa, al principio, y me dijeron que si, que ellos necesitaban a un guitarrista, pero que tenía dominar el estilo de música que ellos hacían, de manera que si yo estaba de acuerdo, iban a ver como me desenvolvía. Mientras tanto, que por la guitarra no me preocupara, que ellos me podían prestar el instrumento hasta que yo me comprara una si quedaba fijo en el trabajo.

Esta orquesta tocaba música populár del Caribe y algo de rock, y eso era fácil para mi. Lo mas bueno de todo, era que tenían bastantes contratos, y ese trabajo me iba a gustar. Así que después de estar un par de meses lavando platos, renuncié a ese puesto en la cocina del hotel, me alquilé una habitación en un edificio de Miami Beach y empecé a trabajar con esta orquesta.

Estaba contento, no había perdido tiempo, ademas estaba conociendo gente nueva, y haciendo nuevas amistades.

Tocábamos de cuatro a cinco días por semana, la paga era bastante buena para mis pretensiones de recién llegado, y mejor que la del hotel.

Viajábamos por muchos pueblos en este estado y tuve la oportunidad de conocer algo mas de la Florida. Me llevaba muy bién con estos músicos los que eran algunos años mayores que yo, pero serios y muy responsables. Todos me hablaban de sus repectivos pueblos y el porqué de haber emigrado. Algunos eran cubanos y me contaban sus nostálgicas historias, mezcladas con las frutraciones políticas, de tener que separarse de sus familias por culpa de la dictadura. Otros eran de paises suramericanos y también tenían sus motivos, especialmente económicos como los que tenía yo también. La frase del famoso sueño americano se oia muchas veces en boca de todos.

OPORTUNIDADES POR EL CAMINO

Asi pasaron unos cinco meses, hasta que un día, tocando en un hotel en Miami, entablé conversación con un matrimonio de americanos, los cuales hablaban bastante bien españól, y me dijeron que les había gustado como yo tocaba la guitarra, me preguntaron donde habia aprendido y vi que estaban muy interesados en lo que se trataba de orquestas o grupos musicales.

Despúes de hablar un buen rato con ellos, me contaron que su hijo era fanático del rock, que estaba aprendiendo a tocar guitarra y que a ellos les encantaría si yo le pudiera enseñar música, ya que esa era su vocación desde muy pequeño. Tampoco querían hacerlo cambiar de parecer, y estaban dispuestos a pagarme si yo aceptaba a darle lecciones, para ver si realmente podía tener un buen futuro en este rubro, y éxito en su porvenir.

Me tomó un poco por sorpresa tal ofrecimiento y pensé si realmente sería conveniente tremenda empresa para mi, ya que tendría que dejar el actual trabajo, mudarme y ver que ventaja económica me produciría este cambio.

Les comenté a ellos entonces mi preocupación acerca de la propuesta, pero me dijeron que no me preocupara ni por la vivienda ni por el trabajo ya que me podían ubicar en la empresa constructora donde trabajaba este señor que era ingeniero y por la vivienda, ellos me podían conseguir también en algun departamento compartiendo con estudiantes que conocían y vivían en la zona.

Como no habían podido encontrar hasta ahora a nadie que los convenciese que iba a ser un buen profesor y también un buen ejemplo para el muchacho, aparentemente vieron en mi algo que los convenció que yo podría ser la persona que llenaba los requisitos.

Ellos vivían en Jacksonville, a unas ocho horas de auto al norte de Miami, asi que si yo estuviese de acuerdo, tendría que irme a vivir alli. Despues de pensarlo un poco, acepté, y le dije que yo además tenía conocimientos de planos y dibujos técnicos de construcción por los estudios que había hecho en mi país en una escuela politécnica.

Al comentárselo me dijo; ni una palabra mas, ya tengo un puesto para ti en la oficina.

Les dije que me dieran un tiempo hasta que yo podiera dejar a la orquesta donde tocaba, y entonces les avisaría ni bien estuviera libre para ir alli si la oferta todavía seguía en pie. Trato hecho dijo el ingeniero y se veía que era de palabra.

Llegué a mi hotel después de terminar las presentaciones con la banda y ya en mi pieza me puse a pensar y analizar todos los pormenores de el nuevo proyecto, ya que un trabajo asi podría tener posibilidades de obtener la residencia, motivo muy importante para mi el aceptar esta oferta, pero tendría que pensar como encarar a mis compañeros y decirles que habia decidido dejarlos para seguir nuevos rumbos.

Esperé la oportunidad y les comenté mi decisión de no tocar mas con la orquesta por que se me habia presentado una nueva oportunidad y que no la podía perder.

Pude ver que, como todos eran inmigrantes, enseguida entendieron mi situación, aceptaron mi excusa, y me pidieron que estuviera un tiempo con ellos hasta que encontraran otro músico que me remplazara.

Ya llevaba vivido en este país unos seis meses, y los había aprovechado bastante, ya que estaba ganando dinero y pasándola bien.

Seguí trabajando con la orquesta hasta que al mes consiguieron un remplazante.

Había llegado entonces la hora de despedirme y agradecerles por la oportunidad que me habían brindado en la banda al darme trabajo.

Al dia siguiente me comuniqué con el ingeniero e hice los arreglos para el viaje a Jacksonville a empezar mi nueva etapa.

Cuando tuve todo listo, me encaminé a la estación de autobuses, saqué el boleto, y después de unas largas diez horas de viaje arrivé a mi nuevo destino.

Como era ya entrada la noche decidí buscar por un hotel, y llamar al dia siguiente a Jack, el ingeniero amigo para decirle que ya había llegado.

Salí afuera de la terminal, miré la calle desierta y oscura y como no había a quien preguntar, empecé a caminar hacia unos letreros algunas cuadras mas adelante los cuales parecían anunciar hospedajes.

Cuando llegué cerca de estos me di cuenta con alivio que eran anuncios de hoteles, asi que me dirijí al primero que tenía a la vista, ya que de afuera se veían decentes, y las calles a esa hora estaban desiertas, me encaminé lo mas rápido que pude hacia adentro del loby de uno de estos y le pregunté al recepcionista por un cuarto y el precio, a lo cual el me dijo quince dolares a pagar por adelantado. Yo acepté, total iba a ser por una noche, asi que despues de pagar, el conserje tomó mi maleta y me indicó que lo siguiera hasta el ascensor, el que subío unos cuantos pisos, y cuando se abrió la puerta, empezamos a caminar por unos pasillos pobremente iluminados, deprimentes, la pintura en tan malas condiciones que hacía una diferencia muy grande del frente del edificio y del piso de recepción.

El hombre abrió la puerta y con un ademán me indicó que esa era la habitación.

Al yo entrar, se cerró la puerta detrás de mi, y al hechar un vistazo a las paredes, el piso y el baño, me di cuenta que este hotel era de muy baja categoría. Carecía totalmente de higiene, se sentían ruidos y gente hablando vulgarmente en las otras habitaciones y pasillos, lo cual me hizo pensar en mi seguridád para pasar la noche alli.

Me di un baño, y me acosté en la cama mas incómoda que pudira encontrar. Las voces de los huéspedes seguían todo el tiempo, cosa que no me gustaba para nada, asi que después de estar decidiendo que hacer por una hora, me levanté, tomé el ascensor, fui al loby, entregué la llave y salí de ese antro, dipuesto a encontrar algo mas seguro.

De nuevo me puse a caminar por la calle desierta y obscura hasta el próximo hotel que no estaba muy lejos, y después de observarlo por todos lados tratando de descubrír los peores defectos, me pareció mas aceptable, y decidí tomar una habitación, no sin tener que pagar antes, de vuelta, pero esta vez veinte dólares por adelantado.

Al menos parecía tener un poco mas de categoría que el otro aparentemente. Realmente la noche fué mejor, y la calidad del hotel también, pero aun asi, los recuerdos de la comodidad de mi lugar natál, mas la ausencia de mis amigos de allí, mi familia, y la querencia de uno, me hacían sentir deprimido, algo que no me lo podía permitir, ya que yo estaba en la misión de crearme un futuro y no podía aflojarme a esas debilidades.

Al dia siguiente, despues de levantarme y desayunar, busqué un teléfono público y llamé al ingeniero para comunicarle mi arrivo. Unos veinte minutos después apareció en su auto, y nos dirijimos a su casa donde me presentó sus hijos, un muchacho y una muchacha, los dos en sus veinte años, los que hablaban bastante bien el españól, ya que esta familia por el trabajo del ingeniero habían vivido algunos años en diferentes paises de suramérica y habían ido a la escuela en esos lugares, también había otros amigos de la familia en la casa relacionados con el trabajo de este hombre. Después de charlar un rato con el, su esposa y sus hijos, vino el muchacho cuyo nombre era Terry con una guitarra para enseñarmela y pedirme que tocara algo asi veía mis habilidades como músico. Alli nomás me puse a tocar y cantar de todo un poco, algunos boleros, algo de rock, y me di cuenta que les estaba amenizando muy bién el momento.

Por las caras de contentos que tenían, pensé, bueno aqui creo que pasé el test, y asi fué.

Cuando terminó la reunión, el matrimonio me acompaño a un departamento vecino donde también se hospedaban un par de obreros que trabajaban en la compañía y me dijeron que me podía alojar allí hasta que me organizara con el trabajo, y viera como iban las cosas.

La famila esta fué estupenda conmigo y me acogieron como inmigrante sin ningún prejuicio y mucha generosidad, pero estaba a la vista que estaban muy interesados que le enseñara guitarra Terry y quizá también fuera un buén ejemplo de conducta para el, ya que observé que los muchachos de su edad no eran muy maduros y parecía que todo lo tenían facil, ropa, autos, y demás cosas que en mi país eran difíciles de obtener, además Terry estaba esperando que lo llamaran al servicio militar obligatorio en aquel entonces, probablemte para ir al conflicto de Vietman.

Empecé el trabajo en la constructora como dibujante y clasificando los planos, escribiéndolos, etc., la cual era para mi una tarea no muy dificil y bastante entretenida. Por otro lado, al llegar a casa, empecé a entrenar a Terry con la guitarra para tocar en bandas de rock que era lo que mas le gustaba, y me di cuenta que tenía condiciones, ya que sabía bastante como para defenderse en esa especialidád.

Asi que en un par de semanas nos reunimos varios muchachos, todos americanos, menos yo que era el inmigrante y el mayor de ellos, con veinticinco años mientras que los otros estaban en sus veinte, para empezar a practicar y formar un grupo en el cual yo también estaría incluido. Los ensayos se hacían en uno de los departamentos donde se alojaban dos de los muchachos, asi que las prácticas eran todos los días. Teníamos un baterista, dos guitarristas, un bajista, un tecladista con un pequeño keyboard, y dos de ellos cantaban también.

Todos hablaban inglés, lo cual para mi era bastante incómodo y Terry hacía de traductor.

Me di cuenta que muchas veces hablaban y se fijaban en mi como si fuera de otro planeta, lo que me molestaba un poco pero no me amilanaba, era el choque de las culturas, yo estaba en un ambiente diferente, y debía luchar para que todo anduviera bién. La barrera del idioma quebraba la integración al medio ambiente.

Debía aprender inglés a cualquier precio y rápido, realmente no podia seguir asi.

De manera que me armé de diccionarios y cuanto periódico o revista encontraba, los trataba de leer y encontrar el significado de las palabras. Cuando tenía oportunidad, escuchaba los informativos de la radio durante horas, los cuales los repetían como si fueran grabaciones y eso me empezó a ayudar también.

Después de un mes de ensayos constantes casi todos los días, vinieron los primeros contratos para tocar en bodas, uno que otro cumpleaños, o algun piano bar, y asi empecé a ganar algo mas, a socializár con mas gente y experimentár con algunas girlfriends que siempre aparecían.

Mi inglés mejoraba muy lentamente pero constante.

Encontré siempre aun en esos lugares puramente americanos de habla inglesa en esa época, algun latino que hablara español, y entonces si me reconfortaba poder charlar en mi cultura y costumbres, ya que la americana se diferenciaba en muchas cosas que hoy día no las noto mas.

UNA CAMINATA QUE CAMBIÓ MIS PLANES

Una vez, unos tres meses despues de estar en ese lugar, se me ocurrió ir solo a un pequeño supermercado que había en el área, a unas seis cuadras de casa, y como yo siempre iba con algun compañero, porqué no tenía automovil, esa vez decidí ir solo caminando para no depender de nadie y sentir un poco la sensación de libertad.

Me acuerdo que casi no existían la aceras peatonales como en mi país, y caminar para ir al mercado era visto como algo raro, fuera de costumbre, dado que todo el mundo se manejaba con los automoviles, mientras que en mi país la mayoria de la gente viajaba en buses o a pié a todas partes y no había la cantidad de autos que rodaban aqui.

Así que salí del departamento que yo alquilaba, miré el camino y empecé a caminar por la orilla de la calle que se confundía con el pasto donde estaba el límite del pavimento, y así después de andar unas cinco cuadras largas, cuando ya estaba llegando a mi destino, sentí el ruido de un automovil patrullero al lado mio, rodando a mi velocidad peatonal y veo un policía mirándome como si yo fuera un personaje fuera de serie.

Lo miré... el bajó el cristál y me preguntó en inglés, porqué estaba caminando y que adonde estaba mi auto, cosa que no se como, pero le entendí, pero el problema fue al tratar de explicarle, ya que al parecer no lo hice muy bién, porque el se bajó del auto, me invitó a subirme al asiento de atrás, y al cerrar la puerta del patrullero, me di cuenta que no había manijas para abrir desde adentro. Le pregunté como pude, con mi pobre inglés porque me había detenido, y me dijo que en la oficina me lo iban a aclarar.

Bueno, llegamos a la estacion policiál, y allí me pidieron mis documentos, pasaporte, etc. y empezaron con todo tipo de preguntas de las cuales no entendía ni siquiera la mitad debido al acento sureño, hasta que dieron con el teléfono de mi amigo el ingeniero, al cual llamaron y al rato vino el a ver que había pasado. Los escuchaba hablar y me di cuenta que oviamente lo que me había hecho sospechoso es que estaba caminando por un área donde no había veredas o aceras y quizá mi apariencia de extranjero le llamó la atención al policía.

El ingeniero les dijo que yo estaba trabajando en su oficina como secretario, lo cual estaba en contra de las regulaciones de inmigración por tener yo una visa de turista.

Pude ver que mi amigo Jack hablaba con los oficiales y trataba de convencerlos que el estaba solo tratando de ayudarme y se sentía muy contento conmigo como si fuera de la familia, además tenia pensado contratarme para el trabajo que yo hacía en su compañia, para formalizar mis documentaciones de la residencia.

Después de un buen rato de negociar con los agentes, el ingeniero se dirijio hacia mi y me dijo, te dan veinticuatro horas para dejar el estado de Florida, o de lo contrario llamarán al departamento de inmigración lo cual será peor, no hay otra alternativa, lo único que debes hacer ahora es dejar el trabajo, el estado, y mas adelante ver algun abogado para tramitár la residencia.

Inmediatamente me di cuenta que si me alejaba de este trabajo me sería imposible legalizar mis papeles, asi que debería empezar en algun otro lado con un poco mas de suerte.

Nos dirijimos a su automovil, y mientras íbamos camino a su casa, le agradecí todo lo que había hecho por mi, le dije que no se preocupara, que yo iba a preparár mi equipaje inmediatamente y me iría antes del plazo.

Al llegar a su domicilio, vi que la familia estaba afuera y cuando escucharon la historia se apenaron muchísimo, cosa que me conmovió mucho. Después de estar un rato con ellos charlando, me dijeron que no me preocupara que me iban a ayudar a conseguir pasaje a Nueva York, que es donde tenía un amigo argentino de la infancia ya viviendo cuatro años en esa ciudad, residiendo legalmente, y ese había sido también parte de mi plan en caso de que algo fallara como realmente paso.

Cuando llegué a mi departamento, telefonié a mi amigo Enrique en Nueva York y le comenté mis novedades, anunciándole que me tendría de huesped en su departamento ya que no tenía mas a nadie por eos lugares. El aceptó muy diligente y ya que éramos los dos solteros, no habría problemas. El segundo paso, fue hacer mi equipaje, y luego conectarme con el ingeniero, el cual me llevaría al aeropuerto.

Después de arreglar todos los pormenores con los muchachos del conjunto y dejar mis cuentas saldadas, llegó la hora en que me pasarían a buscar para llevarme a la terminál aérea, y me conmovió ver que en el auto venía, Terry, su familia y otros amigos, para hacerme compañía hasta que embarcara y despedirme.

Además me regalaron algo de ropa abrigada lo cual me alegró muchísimo, ya que me dijeron que hacía mucho frio en el norte del pais, mas algo de dinero para defenderme en mis comienzos en mi nuevo destino, realmente me había convertido en un miembro mas de la familia.

Llegó el momento de embarcar, me despedí y dejé esos lugares de gente tan amigable hospitalaria, y generosa.

Despues de unas dos horas y media de vuelo pude ver las luces de Nueva York en una noche perfectamente clara, una belleza que me impresionó mucho, y a los quince minutos estábamos aterrizando. Ya recogiendo mi maleta pude ver a mi amigo Enrique haciéndome señas detrás del vidrio donde la gente esperaba por los pasajeros.

Gran emoción fue para mi este nuevo encuentro y después de contarle todos mis pormenores y charlar un rato, nos retiramos a su departamento descansar. Al dia siguiente, mi amigo se fue a su trabajo, y yo decidí salir a caminar bajo un frio intenso a mi nuevo campo de batalla, y ver hasta que punto me gustaría este lugar.

Empecé a caminar, a ver el tráfico espeso de autos, camiones, buses, cientos de taxis por todos lados, todos amarillos, buses de la ciudad uno detras de otro, mucho bullicio de las sirenas de los bomberos que trabajan en todo momento, dia y noche. En una de esas esquinas bajé por la escalera de la estación del subterraneo, compré las famosas fichas que eran para ponerlas en los molinetes de acceso a la plataforma donde la gente abordaba el tren, y me limité a esperar como lo hacía todo el mundo. Después de unos diez minutos se sintió el ruido de la formación de vagones entrando en la estación y con un ruido bastante desagradable de los frenos al ser aplicados. Se detuvo frente a mi y se abrieron las puertas.

Entré, y me senté. Todo esto era nuevo para mi. En la próxima parada el coche se llenó de gente como si hubiera sido una lata de sardinas. La gente trataba desesperadamente de entrar, empujándose y respirando con alivio una vez que lograban entrar a traves de la barrera humana que los contenía, y al detenerse el tren era la misma historia, la lucha de unos por salir y otros por entrar al mismo tiempo. Me limité a observar la gran diversidád humana que iba en ese vagon. Las paredes del interior y el exterior estaban llenas de dibujos y escrituras "grafiti". (Estoy hablando del año sesenta y ocho).

Después de unos quince minutos de viaje decidí bajarme y caminar por las calles de Manhattan.

Caminé y caminé hasta que me metí en un restaurant de comida rápida, y después de bastante andar, volví a casa, cansado y con frio donde me senté a ver los avisos de trabajo en los periódicos que compre en la calle.

A la tarde vino Enrique y conversamos acerca de las perpectivas que podían presentarse en mi futuro en esta ciudad.

Asi pasé como una semana buscando trabajo pero no encontraba nada debido a que mi visa era de turista y no me aceptaban si no tenía la residencia legal. Casi todas las tardes, salíamos a caminar y como vivíamos en un departamento muy cerca del Greenwich Village, el barrio bohemio de aquel entonces, solíamos ir por alli ya que las calles estaban llenas de hippies sentados en las veredas o en los bancos de las plazas. Jóvenes que habían optado por no trabajar, como forma de protesta por la guerra de Vietnam y vivir el momento como pudieran. La mayoría tenían algunas adicciones al alcohol y otras substancias. Vestían diferente, las muchachas con vestidos largos con adornos, y los muchachos en bluejeans rotos y no muy limpios ya que vagabundeaban por las calles lejos de sus hogares y pasaban las noches en los parques o en alguna estación de los subterraneos. Se los podía reconocer de lejos que no pertenecían a la sociedad organizada y trabajadora.

También a los hippies les gustaba mucho la música como el rock and roll, y muchos de ellos eran exelentes músicos. En sus reuniones se percibía el aroma del incienso, quizá para disimular el olor del humo de la marihuana muy en boga en esa época. Muchos caminaban con sus guitarras a cuesta, a veces se reunían y tocaban en los sitios donde había afluencia de gente como ser las estaciones de los subterraneos, o terminales de los trenes, y ponían un sombrero en el piso para que alguien les diera algun dinero.

Otros no tenían donde dormir y se los veía acostados en algun banco de un lugar público con sus amiguitas al lado.

Un día nos metimos a un restaurante y bar en ese barrio, donde había una orquesta de jazz tocando, y como Enrique era músico también, nos sentamos en una mesa a escuchar y tomar algo.

Después de que la orquesta terminara su show, nos arrimamos al escenario, encaramos a los músicos, y vimos por suerte que habían dos que hablaban españól, aunque Enrique hablaba bién el inglés, para mi era mas fácil a veces mi idioma cuando se me presentaban dificultades, por no entender lo que habían dicho.

Estuvimos charlando un rato, y entonces les pregunté si no necesitaban un guitarrista, a lo cual me dijerron que podría ser y que me iban a llamar por si precisaban algun músico.

Yo no me hice muchas ilusiones, y al día siguiente tomé la calle a ver que pasaba. Caminé muchas cuadras presentándome en muchos lugares, pero el mayor inconveniente era la residencia y el inglés que todavía era deficiente.

Así pasó como una semana siempre con la misma rutina, pero no pasaba nada, los restaurantes exigían inglés o tenían completos los cupos, no poseía licencia de chofer, así que no podía tener espeanzas en esos rubros. Otros trabajos como construcción estaban unionados por los sindicatos, y tampoco tenían un lugar para mi.

BUSCANDO NUEVOS RUBROS

Seguí buscando todos los siguientes días hasta que encontré un paisano mio en una cafetería, y después de charlar un rato le comenté los pormenores de conseguir trabajo y un poco de la desilusión de no encontrarlo. Entonces el me dijo que cuando pasaba dificultades por haber perdido el empleo iba a una oficina donde por unos pocos dólares le daban datos de trabajos en restaurantes, ya que era mas fácil conseguirlos de esa forma y que el estaba práctico como mozo o mesero, e incluso podía tomar trabajos por solamente un fin de semana, o por tiempo completo.

No me pareció mal la idea, ya que podría ser un salvavidas momentaneo para mi situación económica, pero el caso era que nunca había trabajado antes en restaurantes. Le pregunté entonces donde estaba esa oficina y el mismo se ofreció a llevarme. No era muy lejos y una vez en el edificio, me preguntó que experiencia yo tenía en este rubro. Yo le dije entonces que el único trabajo que habia tenido en restaurantes había sido como lavaplatos. Me miró y me preguntó si me animaba a ser de mozo. Yo lo pensé un momento, dado que la necesidád de trabajar era grande, y le dije que podría probar aunque tenía algunas dudas frente al problema del idioma.

El no le dió importancia, y me dijo; tienes que probar.

Entramos a un salón donde había unos cuantos escritorios y unos secretarios sentados esperando a atender a la gente que buscaba trabajo.

Mi paisano y yo nos sentamos frente a uno de ellos y este hombre nos preguntó en españól que tipo de trabajo de restaurant estábamos buscando. Yo le pregunté si tenía algún puesto "part time"(por unas horas, en ingles) como mozo, y el hombre me replicó que no en este momento, pero que tenía uno como bass boy que es el que limpia las mesas, sirve el agua, cambia el mantel, y le deja el camino libre al mesero.

El secretario, señaló una dirección con su dedo índice en la página de su cuaderno y me preguntó si estaba interesado. Yo le dije que si, que me interesaba probar, entonces me dijo que tenía que presentarme al día siguiente en un restaurant muy lujoso en el aeropuerto de Newark.

Asi fué, que me presenté en ese lugar, hablé con el encargado, me explicó las reglas y formas como tenía que desempeñarme, me puse un delantal, y empecé a trabajar preparando las mesas y estar listo para cuando vinieran los comensales.

A la noche se llenaba de gente y se debía trabajar rápido. Pude ver que había otros paisanos mios, y rapidamente fuí haciendo amistad con ellos.

Me acuerdo que me ofrecían trabajar los fines de semanas, y este restaurante tenía algunos platos que eran muy especiales por sus elevados precios, además de la forma pintoresca que se los presentaban a los clientes, lo que le daba categoría al restaurante.

No me gustaba mucho el metre o jefe nuestro, ya que era un hombre bastante maduro con un genio bastante antipático, el cual no tenía problemas de hacerle pasar verguenza a uno delante de los clientes.

Llevaba yo como una semana trabajando en el restaurante, y una tarde, este hombre me llamó, y me dijo en inglés que si yo aceptaba ser parte de un pequeño show que hacían cuando presentaban un plato famoso de mariscos, típico de la casa. Yo le dije que si, que no tenía problema.

Entonces me dijo que hablara con uno de los mozos encargados que iban a servir ese plato, para que me dieran las instrucciones.

La presentación del plato estaba compuesta por el bassboy, dos mozos y el metre.

Me dieron dos espadas llenas de mariscos, todos clavados en estas, me dijeron que yo tenía que sostenerlas hacia arriba, una en cada mano, y a una orden salíamos los cuatro de la cocina caminando en dirección a los comensales. Pero lo curioso de esa presentación era que en las empuñaduras de las espadas, las cuales tenían el protector de la mano al revés o hacia arriba, adentro le ponían unos algodones empapados en alcohol, los cuales los encendían para mantener caliente a los mariscos ensartados.

Llegado el momento, a una orden del metre, nos reunimos en la cocina, nos preparamos, yo en el medio, con mi uniforme de la casa, los dos mozos detrás mio y a un costado el jefe.

Entonces vino uno de los compañeros, el cual me entregó las espadas con la comida humeante, le pusieron los algodones a las empuñaduras, le echaron el alcohol hasta el borde, lo encendieron y me dijeron que las sostuviera en alto cuando camináramos hasta una de las mesas donde estaban esperando los clientes que habían ordenado ese manjar.

El jefe nos preguntó si estábamos listos, todos asentimos, e inmediatamente el dió la orden, se abrieron las puertas de la cocina, y salimos hácia una gran mesa llena de comensales.

El restaurante estaba lleno esa tarde, y pude ver a toda la gente volteando la cabeza curiosamente mirándonos caminar entre las mesas con esas espadas encendidas, llenas de comida a ser servida con tanta pompa.

A mitad de camino, empecé a sentir el calor del fuego en las empuñaduras, cada vez mas fuerte, y en un momento, horrorizado vi que el alcohol encendido se estaba desbordando sobre mi mano y rodando por la muñeca, bajando por el brazo. No aguanté mas ver el fuego quemándome la piel y solté las espadas, las cuales cayeron sobre la fina alfombra del comedor, donde esta se prendió inmediatamente, empezando el fuego a regarse por el piso.

En ese momento alcancé a escuchar un grito de, fuego! aparentemente de algún comensál, y la gente levantándose, comenzó a tratar de salir por la puerta mas cercana, huyendo en casi estado de pánico.

Enseguida vinieron varios compañeros con extinguidores, y no sin mayor trabajo lograron apagar el pequeño incendio con el consiguiente humo y revuelo.

Después de que se calmó todo, y ya que toda la gente se había ido, vino el metre y me dijo que después de ayudar a limpiár y arreglár el salón, que no volviera, que estaba despedido.

No quizo aceptar explicaciones, y la culpa según el fue mia por haber soltado las espadas encendidas al piso. No me sentí deprimido ni negativo por el pequeño accidente, ya que si el jefe veía las cosas de esa manera, mejor era buscar otras oportunidades. De manera que me fuí a tomar el bus para ir a casa, descansar y olvidar el percance ocurrido.

Al dia siguiente, me dirijí a la agencia de trabajo y solicité de nuevo, a ver que datos podían ofrecerme. Les dije que si tenían algún puesto de mozo, que esta vez lo iba a tomar, entonces el secretario me dijo que si, y que recién lo habían llamado de un restaurante italiano, el cual necesitaban un mozo para los fines de semana.

Le dije que si, que lo tomaba, pagué por el dato y el sábado me presenté para el trabajo pensando que iba a ir todo bién y que la experiencia llegaría rápido sobre la marcha.

Además viniendo de un país donde conocía muchos italianos y su cultura, estaba seguro que me iba a ser fácil.

Cuando entré al lugar, inmediatamente vino hacia mi un joven, que me preguntó si venía por el trabajo. Yo le respondí que estaba listo para comenzar cuando el lo dijera. Me alcanzó una chaqueta de mozo, y comenzó con las instrucciones.

Yo pensé, si este hombre supiera que esta era la primera vez para mi estar en este tipo de trabajo, y que solamente estaba probando, para lograr esta posición por la via mas rápida posible, probablemente me hubiese echado a patadas.

El me enseñó un menú con todos los platos al estilo italiano hechos por la casa, mas algunos típicos americanos. Con el dedo me señalaba los nombres en el menú y me decía que aunque no figuraba en el papel, algunos venían con una sopa de la casa sin costo alguno como promoción, y otros eran servidos con espaguetis también sin cargo alguno.

Esto me confundió un poco lo cual traté de disimular para no despertar sospechas de ser inexperto y seguí prestando atención a las otras indicaciones, todas en inglés pero las entendía bastante bién excepto a ciertos nombres que nunca había oido anteriormente.

Me llevó entoces a la cocina, me presentó a los cocineros, y después de augurarme buena suerte, me dejó parado en un lugar del comedor donde podía ver los comensales que ya estaban empezando a entrar en el recinto. Vi enseguida como el otro mozo ubicaba a la gente en las mesas de su sectór, y yo empecé a hacer lo mismo.

El sitio era bastante concurrido. Enseguida vino mas gente, y yo procedí a hacer todo lo que hacía el otro mozo. Después de ubicar los comensales en unas cinco mesas, fuí a tomar las órdenes, unos pedían algo, otros preguntaban, y a veces no los entendía muy bien dado que mi inglés no era tan perfecto todavia, pero para no hacerme repetir a cada rato me limitaba a asentir con la cabeza dado por entendida la orden. Inmediatamente caminaba rápidamente a la cocina, dejaba la orden y volvía a las mesas a buscár otra mas.

Cuando ya tenía como cinco o seis mesas esperando, mientras ubicaba la gente que seguía llegando al restauránt, vi que me empezaban a hacerme señas los que ya habian ordenado, debido que se estaba pasando el tiempo de una espera normal. Cuando fuí para la cocina a dejar otra boleta, el cocinero me señaló una cantidád de platos esperando para ser servidos a las mesas, y me indico para cual de ellas eran, hablándome en españól afortunadamente para mi, ya que el stress me estaba invadiendo.

Me acordé al ver al otro mozo ir rumbo a servir unos platos, que ciertas órdenes iban con sopa o fideos gratis por la casa.

En esa situación de estar ubicando gente, tomando órdenes, llevando las anchas bandejas, rogando no chocar y provocár un caos, se me olvidó cuales eran los platos que debían ser servidos con la sopa o fideos por la casa.

Así que la solución que pensé en ese momento, fue que les daría a los clientes lo que mejor se me ocurriera, respecto a los platos obsequio, así que cada vez que iba la cocina, le decía al cocinero, que me diera tres o cuatro sopas y los consiguientes fideos, de acuerdo a la gente que había en las mesas.

La verdad es que llevé tantas sopas y fideos obsequio de la casa que el cocinero estaba asombrado.

Los clientes también estaban asombrados cuando yo les traía spaguetis y sopas que ellos no habían pedido, y al decirme que no habían ordenado eso, yo les decía, que no se preocuparan, que ese plato era obsequio del restaurant como promoción.

Entre todas las idas y venidas a la cocina y al comedor, vi que el dueño me estaba mirando seriamente y en una de esas pasadas me detuvo y me preguntó si yo había trabajado alguna vez de mozo. Yo le dije que si pero que no estaba muy familiarizado con restaurantes italianos de categoría como ese. Entonces me dijo que pasara por la caja que me iban a pagar, que estaba despedido, y que no quería verme mas por alli.

Sentí una sensación de alivio y después de disculparme me fuí del lugar para no volver.

A los pocos días unos amigos que había hecho en el negocio de los restaurantes me preguntaron si me interesaría hacer de bass boy en un lugar muy lujoso, en las afueras de la ciudad y que como iba a ser un día festivo muy importante, el lugar se llenaría de gente, y dado que iba a ser por el el fin de semana, pagarían muy bien.

Yo acepté, me puse de acuerdo con ellos y llegado el momento nos fuimos todos en un mismo auto hasta el lugar donde estaba el lujoso restaurante. Estacionamos y nos dirijimos a la puerta principal donde estaba parado el manager, seguramente esperando por nosotros para informarnos acerca de las tareas que deberíamos hacer esa noche.

Una vez informados nos fuimos a nuestros puestos de trabajo donde estaban todas las mesas, nos pusimos los respectivos sacos de mozos y vimos que ya la gente empezaba a llegar mientras el manager comenzaba a acomodar a los recién llegados que ya empezaban a amontonarse.

Pude ver que el jefe se ponía un poco nervioso tratando de supervisar a todos los trabajadores para lograr una óptima eficiencia.

Su cara estaba bastante rojiza por el stress y los ojos le bailaban de lado a lado sin perder detalle de como iban las cosas.

Yo por mi parte empecé a servir el agua, a traer las bandejitas de pan y fijarme que no faltara nada. La gente seguía llegando y pasando al salón dirijiéndose derecho a sus mesas.

A mi me tocaba una vez que se levantaba la gente para irse, limpiár esa mesa y poner un nuevo mantél con sus repectivos cubiertos, vasos, etc, en tiempo record.

En uno de esos momentos que estaba haciendo mi trabajo, vino el manager y me habló en un tono bastante subido llamándome la atención de que tenía que tener mas rapidez para hacer las cosas.

Fue algo que me extrañó mucho ya que yo trataba de ser lo mas rápido posible.

Lo miré a ver si era a mi a quien hablaba, no dije nada y seguí trabajando, tratando de hacerlo mas rápido aun.

De vez en cuando sentía a este hombre hablarle en voz alta casi gritándole a mis compañeros, por cierto delante de la gente que había en el salón, que estaba completamente lleno haciéndoles pasar verguenza sin necesidad, y ellos aguantando por ser inmigrantes sin permiso de trabajo.

Al rato volvió de nuevo y me gritó a mi también por nada, quizá para que me apurara mas ya que en el lugar ni bién se iba la gente que terminaba de cenar, inmediatamente entraba otro grupo.

Yo empecé a sentirme bastante molesto por el abuso de este manager, que cada vez se ponía mas agresivo en su forma de manejar al grupo de trabajo, hasta que la próxima vez que me gritó, deje lo que estaba haciendo, caminé hasta donde estaba uno de mis amigos, y le dije que me iba a ir, que no se preocuparan por mi que había una estación de tren cerca del restaurante, lo que me resolvería el viaje de vuelta, ya que yo no podía aguantar ese tipo y sus actitudes.

Asi que caminé hasta donde había dejado mi abrigo, ya que esa noche hacia muchisimo frio, me lo puse, y me dirigí hacia la puerta de salida, pero me encontré que estaban parados delante de esta, bloqueándome el paso, el manager y dos individuos mas, probablemente encargados de la seguridad. El tipo me miró y me preguntó adonde iba, yo entonces le dije que para trabajar así prefería irme a casa.

A lo que el jefe me contesto, no señor, usted vuelva a su trabajo y recién cuando termine se puede ir y llevándose la mano a la cintura dejó entrever la culata de un revolver que llevaba medio escondido bajo el cinturón.

Me di cuenta que no tenía otra alternativa, asi que opté entonces por dar media vuelta, ponerme la chaqueta de trabajo de nuevo y volvér a seguír con lo que estaba haciendo hasta altas horas de la madrugada.

Mis amigos me miraban y me sonreian con resignación, ya que no podíamos hacer nada, mas que todo por el factór de trabajar con visa de turista. Seguimos trabajando hasta que se fue el último comensal, entonces el amigo nuestro encargado de ir a cobrar fue a la oficina y después de un par de minutos salió todo apurado diciendo que los dueños sin querer le habían pagado a otro de los mozos que nosotros no conocíamos, pensando que era el encargado del grupo, y que tomó el dinero y se mandó a mudar.

Desesperados nosotros corrimos a la estación de tren y después buscarlo por toda el área, lo encontramos escondido adentro de un vagón que estaba estacionado fuera de servicio.

Demás esta decir que después de unas cuantas trompadas tuvo que devolver lo que era nuestro.

Empecé a darme cuenta que tendría que cambiar ciertos planes, ya que este asunto del trabajo en los restaurantes se me estaba volviendo complicado. Yo no tenía experiencia en ese rubro, ni el idioma me ayudaba tampoco.

Conocía los platos de mi país, pero aqui era muy diferente, así que decidí hacer de lado este asunto por el momento.

OBTENIENDO LA LICENCIA DE CONDUCTOR

Pensé que si conseguía sacar la licencia de conducir se me presentarían mas oportunidades para otros trabajos de esos que no exigían residencia, y menos complicados que los de restaurant.

De todas maneras seguí estudiando el inglés por mi propia cuenta. Me hice mi propio sistema, el cual era leer los diarios todos los dias con el diccionario siempre a mano, escuchar la radio, tratár de hablár y practicarlo todo lo que pudiera, especialmente con alguna que otra novia de habla inglesa que se me presentase si fuese posible.

Llegué a casa esa tarde y le comenté a Enrique mis nuevos planes, a lo que el me dijo que debía ir a una escuela de conductores y después pasar un examen para obtener la licencia.

Para mi fue fantástica esa idea, y al día siguiente me presenté en una escuela de esas, me anoté, empecé las clases, muy fácil por cierto y me di cuenta que ya entendía el inglés un poco mejor.

Llegó luego el día del examen, el que pasé con gran alegría, ya que me daba la oportunidad entonces de buscar trabajo, en diferentes rubros.

Me entró un gran optimismo y satisfacción del paso que estaba dando. Quizá me sería fácil como me fué en Florida?

Al día siguiente, empecé nuevamente a buscar trabajo, pero previamente leí los clasificados del periódico, y vi un par de avisos para chofer de reparto de una lavanderia.

Me fuí a ese lugar, me tomaron los datos, y me dieron el trabajo.

Al dia siguiente me presente y comencé un pequeño aprendizaje con otro empleado, el cual después de cuatro días comunicó a su jefe que yo ya podía hacerlo solo.

El trabajo consistía en ir a los domicilios de los clientes a recoger la ropa para lavar y entregar la ropa limpia, de forma que a la mañana salía con el furgón y comenzaba mi recorrido para dar el servicio.

Era problemático a veces conseguir un estacionamiento, entre las bocinas para que me apartara, o a veces los inspectores ordenándome a seguir el tráfico y hacerme perder el tiempo. Se me volvía el manejar una tortura. A veces cuando volvía al furgón encontraba la boleta de una multa por haber estacionado en infracción de tiempo o de algun otro tipo, y por consiguiente era yo quien debia pagarla. Otra vez al dar marcha atrás para salír del lugar de estacionamiento, toqué sin querer a una motocicleta que se habia estacionado detrás del camión sin yo darme cuenta, y su dueño inmediatamente llamó a la policía e hizo el reporte del incidente, el cual afortunadamente no tuve que pagar, pero si, tuve una reprimenda del jefe de la empresa. Cuando lograba estacionar en los sitios designados para vehiculos comerciales, el otro problema era descargar las bolsas de ropa y llevarlas a los departamentos, lo cual se convertía en una nueva aventura, a veces el cliente no estaba y debía regresar en otro momento sorteando todos los obstáculos del tráfico de la ciudad.

Después de cuatro semanas comencé a pensar que esta clase de trabajo era muy estresante, y no era el futuro que yo anhelaba.

A mi me gustaban mas los trabajos artísticos como la música, o cualquier otro que tuviera que ver con el arte o fuera mas libre como la aviación que siempre la tenía en mente. Así que debería seguir buscando, solo era que necesitaba mas tiempo, mas dominio del inglés, y estar libre de deudas ya que estaba pagando mi pasaje enviando giros a mi familia.

Una cosa que fue positiva en este tipo de trabajo, era que aprendía de la ciudad y de ver muchas cosas de la calle y su cultura. Observaba como la gente se comportaba ante diferentes situaciones, como ser accidentes, o discusiones por diferentes motivos. Admiraba la gentileza y el don de gentes de los neoyorkinos, como a veces su rudeza en ciertas ocaciones, al querer dos personas tomar el mismo taxi a la vez.

Muchas veces eran las sirenas de los camiones de bomberos las que estaban detrás de uno, mas nadie sabía para donde manejar. Se formaba un lío en el tránsito tan pesado, que muchos lo aprovechaban para colarse detrás de el camión de los bomberos, adelantando su camino sin esperar su turno.

Una vez que fuí a trabajar como todos los días, a hacer el rutinario recorrido para dar el servicio a los clientes, al llegar a un edificio en pleno centro de Nueva York, estacioné el vehículo, y bajé un montón de bolsas de ropa para entregar. Me dirijí hacia el loby, tomé el ascensor, y cuando este estaba subiendo empezó a fallar. En un momento se detuvo entre pisos.

La puerta permaneció cerrada. Esperé unos cinco minutos, apreté un botón de alarma, pero nada pasó. Seguí esperando un poco nervioso, ya que el estacionamiento era por unos treinta minutos, si me pasaba del tiempo seguramente tendría que pagar una multa.

Empecé a probar todos los botones, pero nada, y traté entonces de gritar o llamar en voz alta lo mas que podía, pero aparentemente nadie escuchaba, o el portero no estaba, o no percibía lo que estaba sucediendo. Al rato sentí pasar el otro ascensor y cuando lo sentí cerca grité por si alguien se daba cuenta, pero nada. Así pasó una hora y parecía que nadie estaba en el edificio en horas de trabajo.

Estaba preocupándome pensando cuanto tiempo iba a perder en esa situación, y si mi jefe creería mis excusas o me echaría del trabajo.

Al final, después de una hora y media, alguien habló preguntando en inglés con acento español, si había gente en el elevador, a lo cual yo le respondí, practicamente a los gritos que hacía mas de dos horas que estaba encerrado y que nadie se habia dado cuenta.

Lamentablemente eran los años sesenta y los celulares no existían todavia.

El hombre era el portero y me dijo que tuviera paciencia que en unos minutos arreglarían el problema.

Finalmente, despues de unos momentos, el aparato empezó a descender y me dejó en el loby donde yo lo había tomado.

Esta vez tome el otro elevador para terminar de entregar la ropa recién lavada y le recomendé al portero que estuviera pendiente, ya que no toleraría otro incidente sin dirijirme a alguna autoridad competente.

Terminé el día, atrasado, y con una multa de tránsito, la cual afortunadamente la pagó la empresa. Pero esta aventura colmó mi copa, pués ya no aguantaba mas este trabajo lleno de stress por todas partes.

Llegue tarde a casa, cansado, y me alegré por lo menos poder desahogarme con mi amigo contándole los pormenores de la jornada, tratando de figurarme cual otra cosa podría yo hacer sin tener problemas con inmigraciones, así que después de pensar y pensar, Enrique me preguntó que opinaba tratar de trabajar como taxista hasta que apareciera algo mejor. No me pareció mala la idea asi que al día siguiente me puse a averiguar donde estaban estas empresas y después de tener algunas direcciones, me encaminé a un garage lleno de autos amarillos que es como pintaban a los taxis en Nueva York.

Caminé hasta una oficina y pedí una solicitud de empleo para chofer. Hice todos los trámites correspondientes, y después debía hacer un pequeño curso en el cual me entrenarían para manejar un taxi en la ciudad. Este no fue muy complicado, asi que lo pase sin problemas.

Al dia siguiente, me presenté a la oficina, donde me explicaron las reglas del trabajo, me hicieron recomendaciones, y me dieron las llaves del vehiculo señalando donde estaba estacionado.

Caminé hasta el auto, lo observé, abrí la puerta que tenía un crujido como de protesta, me sente adentro y despues de echar otra mirada a la cabina con su vidrio plástico protector que separaba al chofer del pasajero, el cual era a prueba de balas, puse el motor en marcha y empecé a manejar lentamente saliendo del garage en dirección a la ciudad.

Después de hacer algunas millas un hombre me hizo señas. Detuve el auto, este se montó y me indicó una dirección la cual yo no estaba familiarizado, pero el empezó a indicarme por donde ir. Al llegar al destino me preguntó cuanto me debía, me pagó, me dio una propina y yo empecé a sentirme muy satisfecho al ver que con este trabajo podía ganarme un dinero y no era dificil, solamente uno tenía que manejar y buscar el negocio.

También tenía la libertad de trabajar en cualquier horario, así que a mas horas, había chance de ganar mas.

Asi pues seguí día tras día y todo iba viento en popa, hasta que una vez subió un pasajero que me dió una dirección en un barrio medio peligroso, ya que era de noche y yo estaba trabajando al final de mi turno. No me animé decir que no, asi que encaminé el vehículo hacia ese destino y después de una media hora de viaje, las calles empezaron a tornarse mas oscuras y tenebrosas.

Observé el pasajero, que estaba muy tranquilo, y como ya estábamos llegando al lugar de destino, le pregunté adonde quería que me detuviera, entonces el me dijo; aqui mismo esta bien.

Detuve el auto, miré el marcador, le dije el precio del viaje, y me percaté que en lo que yo había estado mirando el taxímetro, tres individuos de aspecto muy peligroso, estaban apuntándome con un revolver al otro lado del auto, y me estaban exigiendo todo el dinero que tenía en una pequeña caja en el asiento al lado mio.

El pasajero mientras tanto ya se había bajado y me di cuenta que estaba combinado con los delincuentes.

No tuve mas remedio que entregar lo que me pedían, sin que afortunadamente pasara a mayores.

Los individuos se fueron, mientras yo empecé a manejar por las oscuras calles hasta encontrar la salida de ese horroroso lugar del cual todavia lo tengo en mis pesadillas.

Poco a poco me di cuenta que este trabajo tenia sus peligros los cuales debía de tener muy en cuenta.

Esa lección me dejó una enseñanza y era que no debía tomar a ningun pasajero sospechoso y poner en riesgo mi seguridad ante todo, pero sin embargo me gustaba manejar de noche a pesar del peligro, porque había mas negocio y era fascinante ver la ciudad iluminada con sus calles siempre llenas de gente caminando por todos lados.

Los peligros de manejar a esas horas eran los asaltos a los taxistas y el factor sueño entre ellos, el cual a veces me venía de forma repentina y tenía que combatirlo resistiéndolo, parando a tomar café y seguir tabajando sin perder tiempo.

Algunas noches, cuando venía manejando tratando de estar despierto al punto de estar dormido, me parecía ver algun pasajero haciéndome señas, y al llegar al lugar no había nadie... sin lugar a dudas eran alucinaciones debido al cansancio y las horas de trabajo extras que me agotaban hasta llegar a esos extremos.

Otra noche después de muchos viajes normales sin novedad, vi que un rabino me hizo señas, a lo cual me detuve.

El entonces subió al auto y me indicó una dirección en el area de Wall Street, la cual no era dificil de encontrar.

Tomé el camino por una autopista y me puse a pensar que a esa hora de la noche en un área mayormente de oficinas, todo estaba cerrado, así que me atreví a preguntarle a este señor si estaba seguro que era Wall Street donde quería ir, y no Brooklin la cual era un área predominantemente judía y quizá estaba confundido, pero como no me contestaba, lo observé por el espejo retrovisor del parabrisas y vi que estaba dormido.

Así que yo decidí seguir manejando, deseando que fuera la dirección correcta.

Yo también tenia sueño y cansancio esa noche ya que había trabajado muchas horas. Lo mas importante era mantenerme bien despierto y no tener problemas.

Pensé que despues de llevar este pasajero, me iría a mi casa a descansar.

Solo contaba las millas que faltaban para terminar el viaje, y dirijirme entonces derecho al garage de la compañía para dar finalizada mi jornada.

Pero no pude precisar en que momento el sueño tomó posesion de mi, o que truco mi mente me hizo, ya que aparentemente, me quedé semidormido y cuando me di cuenta en vez de estar en Manhattan, estaba terminando de cruzar el puente de Brooklin en dirección al barrio judío.

Completamente estupecfacto, empecé a tratar de pensar que me estaba pasando, ya que esta situación podía haber sido mucho peor.

Seguí manejando entonces con mi pasajero atrás aun dormido y pensando como pasó, que sin darme cuenta manejé un tramo del camino probablemente inconsciente de lo que estaba sucediendo.

Ya al otro lado del río frente a Manhattan, el pasajero se despertó y me preguntó medio confundido hacia adonde íbamos, a lo que yo le expliqué que me había equivocado de camino y que era culpa mia, que no se preocupara, que el viaje iba a ser por mi cuenta para subsanar mi error.

El no dijo nada, pero al llegar a la dirección indicada, me quizo pagar pero yo solo acepté lo que me dióde propina, y así fue otra lección para mi en el oficio de taxista.

Los días transcurrían en una rutina de estar manejando muchas horas, llegar a casa y conectarme con amigos que habia ido haciendo con el paso del tiempo, ir a una que otra fiesta, y seguir trabajando, pero no veía mucha posibilidad de encontrar algun trabajo que me ayudara a conseguir la residencia permanente.

Todos los trabajos me ofrecían poder subsistir y si trabajaba extra, poder ahorrar algo mas.

El estar lejos de mi tierra me daba nostalgia muchas veces, ya que todo era bastante diferente, los amigos no eran los de la infancia como los que tenía en mi país, y aun siendo la mayoria de habla hispana, no tenían exactamente las mismas costumbres que los que yo dejé.

Pero muchos otros inmigrantes me decían que eso era parte del precio de emigrar a cualquier lado que no fuera la patria de uno.

Llegue a evaluar que era mejor o peor en América, y a ponerle un precio a cada costumbre y forma de vivir.

Otras veces había muchas cosas que me gustaban y la balanza de las comparaciones se inclinaba a lo positivo que fue el emigrar.

Una vez al terminar mi turno de trabajo, ya bastante entrada la noche, me dirijí a la estación del tren el cual en esa zona era elevado sobre la calle en el area de Queens.

Puse la ficha en el rotor de la entrada a la plataforma y caminé hasta ella a esperar por el tren. Después de unos quince minutos, atento a ver si se veía el faról de este viniendo, vi un grupo de muchachos latinos corriendo hacia la salida y uno de ellos me vió y me gritó; la migra!, la migra! (por los oficiales de inmigracion), corra!, se ve que se dió cuenta que yo era también otro inmigrante, ya que la zona estaba habitada por una gran mayoría de extranjeros de latinoamerica.

Inmediatamente pude ver que venían detras de ellos uniformados persiguiéndolos.

No lo pensé dos veces, estos estaban de cacería, y si alguno de esos se le ocurría pedirme que le le enseñara la famosa tarjeta verde de la residencia la cual yo no poseía, hubiera sido el fin de mi estadía en Estados Unidos, por lo tanto me puse a correr con todo lo que daban mis piernas. Para colmo había nieve por todas las veredas y pasadizos lo que hacía que el suelo fuese sumamente resbaladizo. Me acuerdo todavía que bajé las escaleras agarrándome de las dos barandas y deslizándome sin tocar casi los escalones, y ni bién llegué abajo, seguí corriendo por cuadras oscuras que me protegieron la fuga.

Cuando llegué a una esquina, jadeante, después de mirar cuidadosamente hacia todos lados me puse a caminar hasta la próxima estación. Al llegar a esta, subí las escaleras en el momento que llegaba el tren. Ya sentado en el vagón se me salía el corazón por la boca, pero tenía una gran sensación de triunfo como si me hubiese sacado la lotería.

Me puse a mirar las luces dentro y fuera del tren. Sentí la calma mezclada con el cansancio de la jornada de trabajo y el consiguiente stress por lo sucedido.

Evidentemente había en esa área cientos de jovenes como yo, en la misma condición, muchos de ellos tenían bastante preparación, algunos eran universitarios, y la mayoría también estaban tratando de tramitár la residencia por medio de abogados, ya que tenían pánico de ir al edificio de inmigración y quedar automaticamente detenidos o deportados.

Despues de unos meses de vivir con mi amigo Enrique, tome la decisión de buscar algun otro lugar para vivir mas independiente y no molestar mas a quien me había ayudado en mis comienzos en New York.

Como ya tenía algunas nuevas amistades, me puse a averiguar quién podría informarme para encontrar vivienda barata y decente.

No pasó mucho tiempo, hasta que uno de mis nuevos amigos me llevó a una casa donde vivía un matrimonio colombiano, gente mayor y muy educada que estaban alquilando una pieza en la parte de arriba de la casa, tres pisos escaleras arriba.

Entregué el primer depósito, y fuí a darle la noticia a Enrique, que a partir de un par de días me mudaba.

Me empece a sentir mas independiente y contento a la vez. Este lugar era en el área de Queens, cerca del aeropuerto y se podía ver pasar los aviones aterrizando, algo que para mi era un encanto, por mi vocación de aviador. Otra cosa que hice fue comprar un auto usado en bastante buen estado y a buen precio, asi no me veía obligado a tomar trenes a horas peligrosas en las estaciones y a disfrutar también de mi nueva adquisisión. También podía ahorrár tiempo cuando visitaba a mis amigos y amigas al no tener que depender del transporte público.

Me acuerdo que una vez tomé un subterraneo en Manhattan y por equivocación era un tren expreso, el cual me llevó a una estación que no era la que yo quería, en el Bronx. Asi que al bajarme tuve que salir afuera a la calle y volver a entrar por el otro lado, bajar la escalera y llegar a la plataforma donde regresaban los trenes en la dirección opuesta. Pero encontré que la puerta del otro lado estaba cerrada, quizá por ser de noche y no haber mas trenes de vuelta hacia Manhattan.

El caso fue que salí afuera de nuevo y me encontré en una calle de un barrio pobremente iluminado, de noche, totalmente solitario, y altamente peligroso, a juzgar por los individuos que se veían socializando en las esquinas.

Caminé entonces, no sin sentir el miedo a lo que pudiera pasar, por la calle donde supuse que podría haber la próxima estación a unas diez cuadras o mas, y así fue que afortunadamente, pude tomar un tren local que regresaba hasta donde yo habia tomado el anterior, y resolvér el problema.

Seguí como siempre con mi trabajo de taxista y teniendo una que otra aventura.

Una vez a la salida de un lujoso hotel, me hizo señas un señor muy bien vestido. Detuve el taxi y este me preguntó si lo podía llevar a un pueblo en el estado de New Jersey, a una hora y media de camino desde Nueva York. Entonces llamé a la compañia, y les pedí permiso para hacer el viaje, ya que era fuera de la ciudad y después de estar autorizado, arranqué para el destino del pasajero. Después de andar un rato le dije a este hombre que me tendría que indicar el camino cuando llegaramos cerca debido a que yo no estaba familiarizado con la ruta en esa area.

El asintió, y yo seguí manejando, pero mirando al asiento de atrás de vez en cuando a ver si todo iba bien. A medio camino, en uno de esos vistazos hacia atrás a través del espejo retrovisor, pude ver que el individuo estaba bebiéndose una gran botella de wisky con toda tranquilidad. No supe que decir, pero me di cuenta que iba a tener problemas mas adelante con un ebrio en el auto, pero solo atiné a decirle que no se fuera a olvidar de avisarme cuando la salida de la autopista estaba cerca. El, lo mas calmado me dijo que no me preocupara, que me iba a avisar.

Seguimos viaje en plena oscuridad de la noche, y después de una hora mas o menos, vi que el pasajero estaba completamente dormido y probablemente bien borracho.

Pude ver el nombre del pueblo y necesitaba saber la salida urgente antes de pasarme y despues tener que volver quien sabe cuantas millas para salir afuera de la autopista.

Asi que detuve el auto al costado del camino y trate de abrir la puerta para despertarlo pero el individuo la habia cerrado con el seguro.

Empecé a gritarle desde afuera y golpear el vidrio con mi puño, pero nada, el tipo no despertaba y roncaba su borrachera. Para colmo con las puertas trabadas no era mucho lo que podia hacer.

Esperé unos minutos y como no había respuesta, con gran frustración inicié el camino hacia el garage de la compañia donde yo entregaba los autos al finalizar la jornada.

Me tocó entonces manejar alrededor de una hora de camino de vuelta, con el pasajero embriagado en el taxi.

Durante el viaje pensé como iba a cobrar y que le iba a explicar a los supervisores.

El resultado fue que perdí de cobrar parte del dinero de ese trabajo mas tuve una reprimenda de mis jefes por no ser cuidadoso en seleccionár a los pasajeros mas detenidamente. Gajes del oficio.

Este trabajo de taxista me enseñé muchas cosas de la calle, pude practicar mi inglés, y escuchar a mucha gente contarme cosas de sus vidas como si yo fuera un confesor.

Aprendí a manejar en medio de un tránsito intenso y hacer maniobras dignas de un experto, siempre por el negocio de recoger un pasajero y adelantarme a otros choferes en la lucha por la supervivencia.

Pero me daba cuenta que cuanto mas días pasaban no veía posibilidades de tramitar mi residencia en este tipo de trabajo. La única forma sería comprarme una licencia de taxi personal y yo trabajar mi propio auto con permiso de la ciudad, pero eso era muy caro para mi y representaba que tendría que dedicarle muchas horas a un trabajo que no era mi vocacion, así que descarté esas posibilidades también. De las anécdotas que me dejaron los viajes y los pasajeros las cuales fueron muchas, entre ellas puedo decir que conocí a celebridades de la política, del cine y los escenarios, y también tuve oportunidad de conversar con alguno de ellos.

CAMBIANDO A OTRO TRABAJO

Seguí manejando taxis por algunos meses hasta que un dia me encontré con un amigo, al cual yo comentándole mis ambiciones y frustraciones del trabajo, me ofreció llevarme a donde el trabajaba, y me dijo, que este trabajo tampoco me ofrecería oportunidades de conseguir la green card, como le decían al documento de residencia en Estados Unidos, pero que al menos sería bueno para cambiar y conocer algo mas del país, y se podía hacer tanbién como part time lo cual era muy bueno para hacer unos pesos extras cuando uno disponía de tiempo si trabajaba en otro lado.

Este trabajo también era para manejar autos, pero con la diferencia que estos eran de una compañia de alquiler, "Rent a Car" como se las llaman en America. No me costaba nada probar, asi que al dia siguiente me fuí con el, a ver a su supervisor y sin ningun problema me dió el trabajo después que vió que yo era taxista y tenía un buen record en mi licencia de conducir.

El trabajo consistía en ir a llevar automoviles desde la cuidad a otras estaciones de la compañía en otras localidades adonde hacían falta para ser realquilados.

También a veces debíamos buscar automóviles en otras estaciones para traerlos a nuestra base en la ciudad.

Dado que este trabajo, era por contratos por cada viaje, y vi que me convenía economicamente, decidí ir a renunciar al garage de los taxis, para estar libre para este nuevo puesto.

El desempleo en ese tiempo era bajo, y no había mayores problemas para uno ubicarse.

Al dia siguiente fui para la nueva compañía a ver como iba a ser la nueva aventura.

Un supervisor salió de la oficina cuando me vió, y me indicó a un grupo de jóvenes, todos de aspecto latino, salvo dos o tres que eran americanos, y que estaban charlando adentro de una sala de espera.

Uno de ellos aparentemente con aspecto de ser el jefe vino hacia mi, y después de presentarse, me preguntó algunos detalles de mi experiencia como chofer, y me dijo que todos viajaríamos en grupo llevando los autos. Para no perdernos, todos debíamos estar alertas por donde iban los demás compañeros, y tratar de cuidarnos, ya que en el afán de llegar rápido para hacer otro viaje, a veces se suscitaban problemas.

Despues de explicarme algunas cosas mas acerca de los autos y las reglas del trabajo, me llevó donde estaban los otros muchachos, me presentó a ellos y pude ver que todos eran suramericanos hispanoparlantes, lo cual me agrado y parecían ser bastante educados.

Despues de charlar un rato con ellos, esperando al jefe que estaba en la oficina, este salió, caminó hacia nosotros dándonos indicaciones del camino a seguir, consejos acerca de la velocidad por ser una ruta muy patrullada por la policía, para no ser multados y recomendando mantener la atención en el lider del grupo para no perdernos.

Pregunto si estabamos listos para el viaje, todos asintieron, y dirijiéndose a mi, me señalo un hermoso auto último modelo, diciéndome; móntese, arranque el coche y empiece a seguirme junto con los demás autos.

Todos empezamos a manejar y manteniendo la vista en el auto del jefe y en los otros autos, ya que el jefe era el que mejor sabía el camino, tenía todos los mapas y direcciones donde debíamos de ir.

El tráfico era intenso, en pleno Manhattan, los taxis competían corriendo al lado nuestro sin saber que no podíamos perder de vista al compañero que iba adelante, y si eso pasaba era caótico reencontrarse, con el riezgo de perder el viaje o probablemente el día de trabajo.

Por otro lado ninguno del grupo manejaba despacio, todo se hacía velozmente, y el stress era bastante elevado.

Ya entrando en las autopistas, corríamos mas rápido que los otros autos ya que todos los coches nuestros eran nuevos, de muy poco millaje y se podían maniobrar con mucha facilidad.

Ademas teníamos que hacer los recorridos en el menor tiempo posible para ganar mas dinero.

Con el correr de los días me empezó a gustar lo que hacía, aunque para mi y para todos mis compañeros era un trabajo para hacer no por mucho tiempo, ya que estos muchachos, como yo también tenían planes mas promisorios para el futuro.

Mas luego me enteré que todos estaban tratando de obtener la residencia permanente en lo Estados Unidos igual que yo.

Este era un trabajo para resolver en lo que uno encontraba algo mejor, asi que decidí seguir a ver que me deparaba el destino por el momento

Por otro lado seguía aprendiendo de la geografía del país y sus bellezas naturales.

Me pasaba los días viajando por diferentes estados y pueblos. Conocí también muchos aeropuertos ya que la rent a car tenía estaciones en casi todas las terminales aereas del país para los pasajeros que buscaban autos de alquiler.

Nosotros los choferes viajábamos en grupo a llevar o buscar los automoviles de los respectivos garages de la compañia. Generalmente salíamos todos juntos en un auto grande, y volvíamos separados cada uno en el auto que debíamos traer para el garage. El manejar a velocidades excesivas me costaron algunas multas que me enseñaron a ser mas prudente. Había días que los viajes eran a los aeropuertos ida y vuelta a la ciudad llevando y trayendo autos generalmente a toda prisa, y eso nos estaba costando algunos accidentes de los cuales afortunadamente no pasaban a mayores, pero este asunto de manejar de esa manera tenía sin lugar a dudas su precio en multas las cuales no eran baratas.

Todas las tardes al terminar mi jornada, leía los periódicos en inglés y españól buscando el trabajo que me pudiera resolver la residencia mediante contratos que justificaran que yo era necesario en la especialidad que la empresa requería, hasta que un día un amigo me dijo que conocía un paisano mio que era joyero y este trabajaba en una empresa en la calle 47, famosa por ser el area donde estaban la mayoría de las tiendas y fábricas de joyería. Entonces el le preguntó si sabía de algun trabajo en ese lugar como para mi, ya que yo tenia habilidades con las herramientas y me gustaban los trabajos manuales artísticos, a lo que este hombre le dijo que le gustaría conocerme, ya que podría haber una posibilidad.

Demás esta decir que me alegré muchísimo ya que eso me sonaba a un trabajo mas real y no tan riesgoso como el que yo estaba haciendo en este momento, asi que le dije que estaba disponible ya mismo.

Dado que mi compañero se fue de viaje, por unas tres semanas, no tuve mas novedades, y me tocó nada mas que esperar a que volviese.

Pero una mañana antes de ir a trabajar a la rent a car, sonó mi telefono y recibí la noticia que mi amigo ya habia regresado y que estaba dispuesto a llevarme a esa compañía para presentarme al jefe amigo suyo para ver si le caía bién y me dadaba el trabajo.

CONVIRTIÉNDOME
EN ORFEBRE

Al dia siguiente, como habíamos pactado, nos fuimos los dos a la calle 47 en Manhattan, buscamos el edificio, subimos como unos diez pisos, y allí después de tocar el timbre, se abrió la puerta, y un hombre nos hizo pasar a la oficina.

Nos sentamos frente a una mesa y el me empezó a preguntar que experiencia yo tenía en el negocio de la joyería, fabricación, diseños, dibujo, conocimiento de las herramientas, etc.

Como vió que había una relación en lo que yo había aprendido en mi país en la escuela industrial, mas mi entusiasmo quizás, se ofreció a probarme, y me dijo que yo podría ser candidato para ese trabajo, y que además de pagarme el sueldo, me iban a enseñar, para ver si tenía condiciones. Había buen futuro especialmente en el económico.

Yo le respondí que estaba listo para empezar en cualquier momento, y entonces vino una pregunta clave, y era si tenia la greencard o tarjeta de residencia. Al yo decirle que no, me dijo que quería ver primero como yo me desempeñaba, y si todo andaba bien podríamos hablar mas adelante de un contrato de trabajo, para con ello empezár los trámites de inmigración.

Cuando me dijo eso casi di un salto hasta el techo, se me estaba abriendo una puerta a la normalidád. Por fin algo que yo estaba esperando tanto se empezaba a visualizar.

Al día siguiente me presenté como habíamos quedado, y después de enseñarme el lugar de trabajo, vino un joven, el cual me dijo que me iba a entrenar, y alli mismo en pocos minutos empezó la enseñanza, me mostraron el banco de trabajo con sus herramientas.

Me senté en una cómoda silla para empezar con los trabajos, y mi compañero entonces me entregó puñado de anillos de oro a los cuales tenía que limar las impurezas de la fundición hasta dejarlos listos para ser pulidos.

Entendí lo que debía hacer y empecé a trabajar hasta la hora del almuerzo, el cual lo hacíamos en alguno de los restaurantes en la calle 47.

A medida que terminaba cada asignación de trabajo, la entregaba a mis jefes y me di cuenta que les gustaba como lo hacía.

Al salir del edificio, lo primero que se sentía era el frío intenso de la ciudad, mas el viento parecía que se filtraba por todas partes de la ropa por abrigada que fuese. Asi pasaban los días, estaba aprendiendo siempre cosas nuevas e interesantes, e incluso me pagaban por ello.

Tenía buenos compañeros, trabajaba en un ambiente muy comfortable, y me sentía muy contento usando todos los conocimientos que tuve de mi escuela politécnica en la Argentina en cuanto a herramientas, mediciones, etc.

Los trabajos me salían bién y el jefe era muy bueno conmigo.

Al fin de semana me dieron el primer cheque, el cual era mejor que los cheques de los otros trabajos anteriores, así que pensé que había llegado a un trabajo que podría ser parte de mi futuro, y no tenía intenciones de dejarlo, a no ser que pasara algo que realmente no me gustara.

A la hora del almuerzo decidí ir a cobrarlo, ya que el banco no quedaba lejos del lugar de trabajo, llegue a este, entré en un hall inmenso, caminé hasta la ventanilla que estaba desocupada y le extendí el cheque a la empleada detrás de la ventanilla, ella lo miró, me pidió la identificacion, la cual yo presente y que era mi licencia de conductor. Ella me miró nuevamente por unos segundos, y yo empecé a pensar que aparentemente no le caía bien o había algun error, dado que no soltaba mi cheque ni me pagaba. Entonces después de titubear por un rato, que se me hizo interminable, me dijo; me muestra su Green Card señor?. Sentí miedo que por el acento quizas me podrían apresar o llamar a la inmigración para detenerme e investigarme, ya que era un cheque de empleado.

El pánico se apoderó de mi, pensando en fracciones de segundos lo que podría hacer esta mujer si se daba cuenta que no la tenía. Quizas llamar al guardia de seguridad y entregarme a inmigración, lo cual sería el fin de mi odisea después de tanto sacrificio. Sentí que el pánico se apoderaba de mi. Así que mi decisión fué arrebatarle mi cheque que tenía ella en la mano e irme. Y así lo hice, primero dando unos pasos hacia atrás retrocediendo, reacción que aparentemente no le gustó a la empleada, y como yo lo había ya pensado, llamó al guardia, el que empezó a venir hacia mi y yo a retroceder.

Girando sobre mis talones, enfilé apuradamente hacia la puerta de salida cada vez mas rápido hasta que una vez afuera empecé a correr con mi cheque todavia en la mano. Viendo el guardia probablemente que yo sería algun sospechoso que había que investigar, comenzó a correr detrás de mi, y hasta me gritó que me detuviera, algo que me dió mas velocidad ya corriendo en plena calle.

Me acuerdo que crucé una céntrica avenida de Manhattan volando entre todo el tráfico que afortunadamente estaba detenido esperando la luz verde. Vi que le había sacado ventaja, y seguí corriendo entre la gente, hasta que llegué a un estacionamiento de automoviles en la planta baja de uno de los rascacielos, y allí no mas me metí, e inmediatamente al ver el cartel indicando los baños, entré y me encerré en uno de los compartimientos de los inodoros.

Esperé como media hora hasta que decidí salir de nuevo a la calle, y mirando hacia todos lados, me encaminé hacia mi lugar de trabajo.

Al llegar de vuelta a la fábrica, le comenté a mi jefe el incidente y el me dijo que ya se habían dado casos de deportaciones a trabajadores por ese problema de no tener la tarjeta de residencia al cambiar los cheques del trabajo en los bancos o en otras dependencias públicas.

Entonces me aconsejó que tuviera un abogado a mano para cualquier otra eventualidad.

Afortunadamente me indicaron otra sucursal para cambiar mis cheques donde no tuve mas problemas.

Seguí mi rutina en mi nuevo trabajo, y de paso haciéndome de mas amistades ahora en el mundo de la joyeria, recibiendo consejos de como aprender mas rápido el oficio, y como hacer algun dinero extra fuera de la fábrica, siempre en este rubro, donde estaba tomando día a día mas experiencia. Tuve la oportunidad de comprar algunas piezas de joyería preterminadas y en mi casa con un pequeño equipo de herramientas que fuí adquiriendo poco a poco, me puse a elaborarlas y acabarlas listas para la venta.

Así entre mis amigos y conocidos empecé a ofrecer y vender el producto de lo que hacía en mi tiempo libre en casa.

Con el pasar de los días me di cuenta que podría quizás tener algunas dificultades con la gente que me rentaba el pequeño departamento por esa cuestion, así que decidí mudarme a otro lugar, también en el área de Queens donde no tendría problemas para hacer mi trabajo.

Y la verdad es que logré hacerme de un pequeño sueldo mas, aparte de lo que ganaba en la fábrica, lo que me ayudaría mas luego con el proyecto de estudiar aviación.

HACIENDO EL CURSO DE PILOTO

Asi que después de pasar algunos meses, ya bastante seguro en mi trabajo, me fuí con una amiga a dar un paseo, por el area de Long Island, y cuando estábamos pasando por un pequeño aeropuerto al costado del camino, se me ocurrió entrar a verlo, ya que hacía años que no había visitado uno desde mis cursos de pilotaje en mi país, así que estacioné el auto y caminamos hasta una pequeña oficina, donde había unos cuadros de aviones, algunos diplomas y un cartel con el nombre de la escuela de aviación que estaba en ese aeroclub. Un par de empleados que estaban detrás del mostrador me miraron sonrientes y curiosamente me preguntaron que se me ofrecía.

Entonces les pregunté timidamente si dictaban cursos de aviación, y por supuesto que dijeron que si, y que si yo estaba interesado podía empezar cuando quisiera.

Lo primero sería una visita al médico aeronáutico, y obtener el certificado de salud para comenzar el curso de instrucción de vuelo.

Lo segundo era anotarme en las clases teóricas, empezar a estudiar, rendir un examen y comenzar a volar con un instructor por un término de unas cuarenta horas que a veces se iban a extender un poco mas segun mi habilidad para aprender a pilotear.

Hice entonces un cita para empezar la ground school, o curso de teoría que es como se llama a los cursos de instrucción en tierra.

Compré entonces los libros y materiales requeridos para ir ya avanzando, porque la realidád era que estaba muy ansioso de este nuevo proyecto, y una vez satisfecho con la información salimos de la oficina rumbo al auto, pero demás esta decír que estaba muy contento de ver que en este país todo parecía ser posible, y mas facilmente de obtener que en el mio. Las ansias de empezar ya mismo me devoraban.

Volví a mi trabajo al día siguiente, y un amigo me comentó que mi jefe quería hablar conmigo, así que ni bien se presentó la oportunidad le pregunté al hombre de que se trataba, a lo que me respondió que estaban pensando darme un contrato de trabajo a mi y a otros empleados para ayudarnos a legalizar la residencia permanente en el país.

También me dijo que me consiguiera un abogado para efectuar los trámites y permiso de trabajo.

Esto me quitaba un gran peso de encima, y era mi sueño dorado poder lograr ese objetivo.

Así que después de visitar al abogado, y empezar los trámites, este me aconsejó evitar cualquier tipo de problema con los agentes de inmigración ya que si me arrestaban por falta de documentos el no estaba seguro de poder salvarme de una deportación hasta que los trámites estuvieran ya en marcha.

Lo importante ya estaba en camino, así que había que esperar los resultados que iban a demorar unos meses.

El diseñar y elaborar joyas me gustaba mucho ya que la creatividad hacía el trabajo muy entretenido.

Llegó el día del comienzo de mis clases de aviación. Me dirijí en mi dia libre al aeroclub, me presenté ante el instructor y le dije en inglés que estaba listo para empezar. El me miró, me señaló una avioneta que lucía nueva y me dijo; en esa vamos a probar como te gusta y si te pareció bién seguiremos con las clases teóricas de tierra y en el aire. Caminamos hasta el aparato, y me empezó a dar la lección, la cual ya la había aprendido en mi país años atrás, pero no le dije nada, para que el, después del vuelo me diera su propia opinión.

Salimos entonces a volar, el instructor al comando de los controles, y yo sentado al lado de el. Después de estar un rato tomando altura me preguntó si yo me animaba a pilotearlo, lo que empecé a hacer aplicando todo lo que yo sabía de antes y el a darme instrucciones de hacer maniobras, giros, subidas, bajadas, etc.

Cuando terminó la clase de una hora, me miró y me preguntó donde habia adquirido mi experiencia. Entonces le conté que años atrás en mi país, pero por razones económicas no pude terminar. El se quedó muy conforme, pero me dijo que como las tecnologías cambian constantemente con el tiempo, debía reforzar mucho la parte teórica en la cual, si estaba atrasado por haber dejado pasar algunos años fuera del ambiente.

Volví a casa, y al dia siguiente al trabajo.

Siguió pasando el tiempo, y yo asistiendo a las clases de el aeroclub, en el cual practicaba mis lecciones todas las semanas, una o dos horas por vuelo de aprendizaje, hasta que llegó el día en que debía hacer mi primer vuelo solo, lo que me tenía bastante emocionado por realizarlo en los Estados Unidos, en inglés, lo que era otra barrera que estaba sorteando.

Todo salió a pedir de boca, el tiempo era exelente, el viento calmo y todo se hacía propicio para demostrar mis habilidades sin mayores problemas, y así fue.

Despues de hacer las maniobras que me asignaron y estar unos cincuenta minutos practicando, volví hacia la pista donde me esperaba sonriente mi instructor, el que me felicitó y me dieron el permiso para seguir haciendo prácticas de vuelo solo de ese dia en adelante.

Ya por los finales del curso, debía efectuar un vuelo solo de una ciudad a otra ubicadas en diferentes estados.

La ruta sería desde el aeropuerto de Amytiville en Long Island donde yo practicaba, hasta la ciudad de Plymouth en el estado de Massachusetts, haciendo escalas en otros dos aeropuertos pequeños.

Mis calificaciones eran buenas y gran parte del curso se parecía mucho al que yo ya había hecho unos diez años atrás en mi país, pero con la diferencia que todo era mas moderno y preciso.

Disponía de mejor material para aprender, de mejores técnicas educativas por parte de los instructores, mas los aviones tenían un instrumental mucho mas completo y eran mas veloces, estando equipados para volar en muchas condiciones meteorólogicas diferentes. Para mi era algo fascinante.

Llego el día del viaje, preparé mi plan de vuelo, caminé hasta la avioneta, la revisé para cerciorarme que todo estuviera en su debida forma como se hace en la aeronáutica, me monté, arranqué el motor y con la autorización para despegar ya en la cabecera de la pista le di toda la potencia al motor y empecé a tomar altura dirigiendo el rumbo hacia mi primer aterrizaje, como parte de mi examen, para luego continuar hasta Plymouth donde debía aterrizar y hacer firmar unos papeles correspondientes de la escuela constatando mi llegada. Había mucha turbulencia ese día y en uno de esos golpes de aire la puerta se entreabrió ya que la cerradura no había cerrado bién. Empezó a filtrar aire con mucho ruido al punto que no podía escuchar las transmisiones de las torres y tráfico de aviones.

Traté de cerrarla, pero al hacerlo el viento me arranco los lentes de sol de mi cara y se los llevó junto a algunos papeles, pero menos mal no los mas inportantes.

Decidí seguir así hasta el aterrizaje donde trataría de arreglar el problema y asi lo hice.

Después de un descanso me dirijí al avion, hice llenar el tanque con combustible y despegué nuevamente rumbo al noreste como lo había hecho, hasta que de acuerdo al tiempo de vuelo tendría que estar divisando el aeropuerto de destino, y así fué efectivamente. Pude divisar la pista en la distancia todavía muy pequeña a través de la bruma.

Gran alegría, todo habia salido perfecto hasta ahora.

Reduje la potencia del motor, bajé un poco la naríz del avión y empecé a arrimarme cada vez mas, hasta que puse las ruedas suavemente sobre la pista. Rodé hasta el edificio del pequeño aeroclub, apagué el motor, me bajé y caminé hasta la oficina donde me firmaron las constancias. Depués de unos minutos de descanso, me monté nuevamente en la avioneta para proseguir rumbo nuevamente hacia Amytiville de donde habia partido.

Todo se desarrolló sin mayores problemas, pero el único incidente que tuve fue que al pasar volando frente a la pista de un aeropuerto de la zona, y a pesar de haber reportado mi posición, un avión que estaba despegando en ese momento se venía hacia mi aparentemente sin haberme visto. Yo lo vi venir antes de que el me viera, y realicé una maniobra para evitar ser chocado, pero aún así paso al lado mio tan cerca que podría decir que vi las caras de los ocupantes.

Ya estaba volando cerca de mi aeropueto, y en pocos minutos empecé la aproximación a la pista, me comuniqué con la torre, y aterricé sin problemas.

Le comenté el incidente a mis superiores, pero no me recriminaron, aunque si me dieron muchos consejos y sugerencias que los guardé en mi memoria. Siguieron pasando los días hasta que me tocó el examen escrito el cual pasé con buenas calificaciones y todo en inglés, el que había mejorado también bastante gracias a tantas lecturas.

No me era difícil comunicarme con las torres de contról y a veces, con otros aviones lo que me daba mucha satisfacción.

Cuando acumulé cincuenta horas de vuelo, mi instructor me informó que ya estaba listo para el examen final el cual consistía en todas las maniobras que había aprendido y practicado en ese período en la escuela y si lo pasaba, obtendría mi licencia de piloto privado, la primera en la secuencia de las que seguirían luego si continuaba estudiando.

Asi que me asignaron una fecha para el examen. Paso poco mas de una semana y me fuí hasta el aeropuerto donde me presenté ante el inspector de la agencia federal de aviación, que me tenía que examinar.

Después de saludarme amablemente, me dijo que caminara hasta el avión y lo esperara unos minutos.

En unos momentos lo vi caminando hacia donde yo estaba, y me ordenó que empezara con la inspección del prevuelo, observándome todo como lo hacía. Cuando terminé de inspeccionar el avión con un gesto me indicó que subiese al aparato y luego hizo lo mismo el, cerrando la puerta que estaba de su lado, lo que me trajo a la memoria cuando se abrió en pleno vuelo cuando viajaba a Plymouth. Comenzamos entonces el examen, y después de todo tipo de maniobras incluido vuelo por instrumentos, lo cual tomó alrededor de noventa minutos, ya de regreso me dijo que había aprobado el examen.

Al bajar de la avioneta fuimos a la oficina donde después de las protocolares felicitaciones me otorgaron una licencia temporaria hasta que me enviaran la oficial.

Asi abrí un capítulo mas en un sueño que me había sido dificil de lograr, pero que siempre traté de hacerlo hasta que lo logré.

No sabía si yo llegaría a ser un piloto profesionál, ya que muchos de ellos eran mas jóvenes que yo y habian tenido mejores oportunidades, sea por haber nacido aqui, o tener los medios económicos que a mi se me habían hecho mas dificil de obtener por ser inmigrante nuevo en este país.

AYUDANDO A OTRO INMIGRANTE

Yo estaba ya viviendo en un departamento bastante cómodo, de una habitación, con cocina y baño.

El edificio estaba ocupado en su la mayoría por jóvenes inmigrantes como yo y probablemente con el mismo estatus como turistas que estaban trabajando con la esperanza de quedarse legalmente a vivir en los Estados Unidos.

Uno de esos días, regresando yo del trabajo me encontré que estaba estacionado un autobus oficial, probablemente de el servicio de inmigración, y vi salir por la puerta del edificio, a varios jóvenes acompañados por agentes vestidos de civil e inmediatamente me di cuenta que estaban haciendo una redada. Se llevaban cuanta persona que no tenía la famosa tarjeta verde de la residencia.

Yo seguí caminando pasando frente a ellos lo mas tranquilo para no despertar sospechas y me dió buen resultado, ya que nadie me llamó y aparentemente me vieron como un residente legal. Fuí a visitar entonces a un amigo para contarle lo que habia pasado en el edificio donde yo vivía, y de paso dejar pasar un poco de tiempo antes de volvér a mi departamento, una vez que no hubiese mas peligro.

Al día siguiente me contaron algunos inquilinos que la mayoría de los departamentos habían quedado vacios después de este incidente.

Inmediatamente busqué otro lugar donde vivir y me mudé nuevamente.

Al mes de estar viviendo en esta nueva dirección, me escribió un amigo de nombre Carlos desde Argentina, preguntándome si yo lo podría dejar vivir en mi departamento por un tiempo, ya que el pensaba venirse a Estados Unidos para probar suerte, y quería seguír mi ejemplo.

Le dije que si, y tal como me recibieron a mi, yo me veía en la obligación moral de hacer lo mismo con las personas allegadas a mi, así que le dije que me avisara cuando vendría para yo ir a esperarlo al aeropuerto.

Llego el día de su llegada, y lo fuí a buscar a la terminal aerea.

Después de un par de horas de espera en el hall, lo vi salir después de haber pasado inmigraciones, caminando hacia mi con un par de bultos, una sonrisa y diciéndome, por fin logré venir aquí refiriéndose al país.

Nos dirijimos entonces al estacionamiento donde yo tenía mi auto, y mientras caminabamos me iba contando todas las novedades de mis otros amigos, de mi familia que el conocía, mas como estaba la situación en mi país debido a los problemas políticos.

Nuevamente sentía el alivio de haber dado un paso correcto al haber emigrado aunque siempre con un poco de nostalgia de ver que me estaba alejando fisicamente del terruño que me vió crecer.

Subimos al auto y no cesaba de elogiar y de asombrarse de lo que veía en las autopistas con las luces de Nueva York al fondo.

Cuando llegamos al departamento, le pregunté que tenía en esos bultos tan pesados.

Entonces empezó a abrirlos. Sacó un cuadro, despues otro y mas cuadros. Entonces le pregunté que iba a hacer con ellos. Me miró y me dijo; los pienso vender aqui en Nueva York, los pinté yo, ya vas a ver.

Las pinturas eran bastante lindas, y me dijo que habia estado en Brazil donde habia vendido unos cuantos cuadros con bastante éxito, asi que esperaba correr la misma suerte en este país.

Este amigo era bastante exéntrico y bastante desordenado con su ropa, la cual la ponía en cualquier lado, los cuadros los tenía bajo de la cama, fumaba tabaco en pipa y dejaba un aroma bastante fuerte donde empezara a fumar.

Mi departamento constaba de una habitación, mas cocina y baño, tenía dos camas, y era cómodo, así que le dije que podría estar aqui hasta que se empezara a defender y entonces buscar su propio lugar para seguir con sus planes.

El estuvo de acuerdo así que al día siguiente yo fuí a trabajar, y lo dejé con sus proyectos.

A la tarde cuando salí del trabajo, fuí para el departamento y al llegar lo encontré sentado mirando la televisión, fumando su pipa con un olor inaguantable del tabaco aromatizado en toda la pieza y los cuadros desparramados por todos lados, aún encima y debajo de las camas y en el piso. Le pregunté que como le había ido, entonces me contó que había hecho algunos contactos que le parecían muy positivos, que había caminado bastante y se había comido algunas cosas de lo que tenía en la heladera porque la caminata le había dado mucha hambre.

Le dije entonces que no fumara dentro del departamento porque yo no podía aguantar el olor de su tabaco.

El estuvo de acuerdo, y después de ver algo de televisión, nos fuimos a descansar.

Al dia siguiente, yo volví a mis actividades pensando como le iba a ir a Carlos en su búsqueda de negocios, ya que el, aparentemente no pensaba en buscar trabajo como una persona normál, sino que estaba seguro que iba a tener éxito con sus pinturas como artista, lo que me pareció que asi iba a ser, ya que pintaba bién y tenía buen gusto para sus temas.

Después de terminar el día de actividad en la compañía, me dirijí a mi departamento como siempre, y alli estaba el, terminando con su cena, que yo había comprado para mi, sentado mirando televisión, con un gorro en la cabeza. Entonces le pregunté porque estaba cubierto dentro de casa.

El me miró, extendió la mano, se sacó el gorro, y pude ver con sorpresa que se había rapado la cabeza, le quedaba no mas su barba y bigotes dándole un aspecto de persona importante.

Al preguntarle como le fué, me dijo que había conocido unas personas que lo entusiasmaron en el negocio de la pintura, que pudo conseguir mas direcciones, y que algunos posibles clientes querían ver los cuadros. De manera que si yo no tenía inconvenientes, los recibiría aqui en casa, asi yo le podría hacer de traductor y ayudarlo a venderlos, ya que su inglés no era muy bueno, y de paso me daría una comisión en caso de hacer alguna venta.

Yo estuve de acuerdo, y pensé que fuera al menos por toda la comida de mi heladera que se estaba comiendo de arriba.

Al fin de semana, vino Carlos y me dijo que ese sábado iban a venir dos parejas de americanos para ver su materiál, de manera que si yo estaba disponible, que me quedara en el departamento, así esperábamos a los posibles clientes. Yo asentí, el me dijo la hora que había acordado con esta gente, y lo único que tenía que hacer era esperar que vinieran a la tarde.

Llegó el momento de la visita, sonó el timbre, yo abrí la puerta e hice pasar a las dos mujeres con sus esposos, los que después de saludarnos se sentaron sobre el sofa y Carlos empezó a traer las pinturas para enseñarlas, y yo a traducir todo lo que la gente preguntaba.

Muchos cuadros eran pintados en madera y los contornos eran lineas que aunque parecían estar pintadas con tinta, en realidad eran trazos quemados con una especie de soldador caliente como los que se usan para soldar alambres de cobre.

En realidad eran bastante interesantes y tenían un estilo muy novedoso y diferente.

Todo iba lo mas bién, pero parece ser que yo había comido algo en un restaurant antes de llegar a casa, que me llenó de gases mi sistema digestivo, y a medida que estabamos hablando, me empezaron a dar fuertes dolores de estómago, con una necesidad de expulsarlos, que se iba haciendo cada vez mas imperiosa.

No recordaba haber tenido una situación semejante anteriormente ni siquiera con los aviones.

Pensé, que cuando se fuese esta gente iba a correr al baño para salir de esta emergencia, pero debía de atender a los clientes los que se estaban entusiasmando con las pinturas y se podía producir una venta en cualquier momento.

Aparentemente el esfuerzo para aguantarme fué tan fuerte, que cuando una de las damas me hizo una pregunta acerca de uno de los cuadros, Carlos, que había entendido lo que ella había preguntado, me miró y me dijo; dile que el precio es tanto, y no menos.

Yo miré a la mujer, y antes de abrir la boca para responderle, tuve el inaguantable accidente, el cual hizo un ruido como si hubiese sido una explosión de gas.

Inmediatamente, haciéndome el indiferente, como si no hubiera pasado nada, le dije lo que me habia dicho Carlos, el precio es tanto y no menos.

Las dos mujeres se levantaron con un gesto de ofensa en sus rostros, a lo mismo que sus esposos pero estos mas razonables, dijeron que ya tenían una idea de lo vieron y que cuando decidieran nos avisarían.

Ni bien se cerró la puerta, Carlos furioso me dijo, me arruinastes la venta, ya estaban a punto de comprar, como te pudo pasar eso!!!

Yo le di mis escusas, le dije que fué un accidente y que de nada hubiera servido haber ido al baño, que estaba a pocos piés de donde ellos estaban, ya que el ruido habría sido igual y la verguenza la misma. Fue una mala jugada de la naturaleza.

Asi siguió viviendo, buscando negocio y pintando también en el departamento sus llamativas creaciones.

Pero a mi me empezó a cansar de tenerlo en casa con todos sus hábitos, desorden y abusos también de comerse lo que yo tenía en la heladera y el no cooperar con nada, así que un día le dije que ya era hora de que se fuera buscando otro lugar, ya que vi que no le iba tan mal en su negocio, y se estaba relacionando con gente de buen ambiente.

A los pocos días me dió la noticia que había encontrado un lugar donde podría vivir y seguir con sus pinturas, y que se lo había ofrecido un amigo que conoció en el ámbito del arte, así que afortunadamente quedaba yo libre nuevamente de preocupaciones.

Seguí como siempre en mi trabajo y por otro lado entusiasmando a mis amigos a pasear en las avionetas, así todos los fines de semana podía volar a un costo mucho mas barato, ya que compartíamos el alquiler, y de paso me daba la oportunidad de hacer experiencia, por si en el futuro decidía hacer el curso de piloto comerciál, el cual me exigía como trecientas horas de vuelo de práctica antes de empezarlo.

Mi pequeño negocio de comprar joyas recién sacadas de la fundición, terminarlas y venderlas me redituaba lo suficiente para pagarme las prácticas de la aviación también.

No tenía porque quejarme de haber emigrado, vivía cómodo dentro de las circunstancias y todo iba bastante bien.

A veces mi amigo Enrique me llamaba para tocar en alguna fiesta con otros músicos, especialmente de jazz el cual era el género que mas nos gustaba, y en Nueva York se podían encontrar muy buenos grupos que tocaban ese género en conciertos, donde a veces se podían encontrar famosos intérpretes.

Un día, al llegar acasa, y buscar las cartas en el buzón vi un sobre del servicio de Inmigración con una carta que decía que habia sido aprobada mi residencia, pero que debía ir a buscarla a mi pais de origen.

Inmediatamente al día siguiente le comuniqué a mis patrones de la fábrica donde trabajaba, la noticia, solicitando un tiempo para hacer los trámites de la visa de residente fuera del país.

Afortunadamente no hubo ningún problema al respecto, así que me dediqué a fijar fecha para el viaje y reservaciones para el pasaje.

DE NUEVO EN ARGENTINA

Empecé con los preparativos, compra del boleto, ropa, souvenirs, y cuanta cosa se me ocurriera llevar a mi familia y amigos.

Llegado el momento de la partida me dirijí al aeropuerto, y después de unas diez horas de vuelo tuve la emoción de ver a mi país, bastante cambiado por cierto, pero siempre estar uno en su tierra es algo muy especiál. Después de pasar por migraciones y aduana, me encaminé a la estación de autobuses donde abordé el ómnibus que me llevaría a mi ciudad.

Mis padres me esperaban con los brazos abiertos, y después de muchas charlas y festejos, la vida volvía a la normalidad.

Me preparé para ir a buscar mi residencia, y después de tener la tranquilidad de poder estar ya legalmente en los Estados Unidos me tomé un mes de vacaciones, antes de emprender la vuelta a mi nueva tierra.

Me parecía increible sentir cierta nostalgia por el país del norte, ya que había hecho algunos amigos alli y en cierta forma había perdido algunos aqui en el mio, sea porque se habían mudado, y otros también habían emigrado al extranjero como yo, mas que todo por la situación política que vivía Argentina en aquellos momentos.

En el tiempo que estuve en mi país aproveché para viajar un poco, frecuentar el club de músicos de jazz, el famoso Hot Club Rosario, llamado así por pertenecer a la ciudad del mismo nombre, donde se reunían todos los músicos aficionados a ese género, y orquestas, donde tocaban con gran destreza compitiendo entre ellos la calidad de su perfomance. Me enteré alli que muchos de mis amigos y conocidos ya habían emigrado a diferentes partes del mundo y otros se estaban preparando para hacerlo, dado que las condiciones de trabajo eran difíciles en aquel entonces.

También aproveché a visitar el Aeroclub Rosario y ver a otras amistades del ambiente aeronáutico civil. No faltó quien me invitara a volar en algunas avionetas mas modernas que había adquirido el aeroclub en ese entonces.

Finalmente visité algunos familiares radicados en otras provincias, hasta que llego el día de la partida nuevamente hacia el norte.

Depués de muchas charlas y despedidas de todos los mios me encaminé nuevamente valija en mano hacia el aeropuerto, y de allí a mis nuevos rumbos.

Es algo duro dejar parte de un pasado que lo ata a uno a sus sensiblidades, y como me dijeron muchos amigos inmigrantes, es parte del precio de emigrar, asi también lo pasaron nuestros abuelos y la historia seguirá mientras el mundo sea mundo. Experiencia de la cual no se salvan ni los mismos animales salvajes en libertad.

Nuevamente en Nueva York comencé mi rutina de trabajo, entonces como residente legál y con aspiraciones a convertirme en ciudadano americano eventualmente cuando pudiera hacerlo.

Pasaron unos meses y la situación del negocio de la joyería empeoró abruptamente debido a problemas de la política internacional con el petroleo, el oro y otras cosas mas que yo no entendía, pero el asunto fué que muchos negocios del rubro de la joyería comenzaron a cerrar, asi también como las fábricas de joyas.

Un día un compañero de trabajo me dijo haber escuchado que la compañía podría cerrar por un tiempo indefinido hasta que la situación mejorara.

Unos amigos del trabajo me comentaron de sus preocupaciones, ya que tenían familia, y eran el único sostén económico. Estaban pensando ya que tipo de trabajo iban a tener que desempeñar si la fábrica cerraba.

Yo por mi lado también empecé a preocuparme, aunque no tenía ataduras, la situación era evidentemente seria hasta que llegara la noticia del cierre de la compañía.

Realmente no quería volver a los trabajos de chofer o mozo en restaurantes ya que no me gustaban.

El part-time que tenía en casa haciendo reparaciones de joyas, o terminándolas para poder venderlas, se había puesto muy flojo, de manera que el dinero que obtenía de ese negocio para pagar mis entrenamientos con los aviones no quería tocarlo por cualquier emergencia.

Pero igual en mi días libres me llegaba hasta el aeroclub y aunque a veces no entrenaba, hacía sociales con gente de esa actividad para ver como podría hacerme cierto futuro en la aviación civil.

En una de esas charlas con algunos latino-americanos que también los había, aficcionados a volar, alguien me nombró las islas del Caribe, donde muchas veces había trabajos para pilotos, especialmente como tranporte de cargas a otras islas o como taxis aereos.

Ese fue para mi un muy buen dato, ya que si en caso de cerrar la fábrica donde yo trabajaba, me vería obligado a buscar trabajo donde fuera sin estar atado a ningun contrato, y hasta podría incursionar en otros trabajos sin problemas.

RUMBO A PUERTO RICO

Pasaron unos pocos meses y vino la noticia anunciando lo que todos estábamos ya esperando. Se hizo una reunión de los patrones de la compañía con todo el personal, y nos dieron la fecha del cierre temporario de la fábrica.

Recuerdo que las últimas semanas no había casi nada de trabajo, el tiempo pasaba lentamente y yo no veía el momento de quedar libre para empezar con mis nuevos planes.

A la semana siguiente se produjo la cesantía de todos los empleados, yo incluido, cobrando el último cheque hasta nuevo aviso, en caso que la compañía abriera sus puertas nuevamente.

Me fuí a casa, y comencé a planear mi próxima movida.

Después de unos días de tratar de hacer conexiones, finalmente a través de una amiga en Puerto Rico me decidí a iniciar la nueva aventura y mudarme alli.

Una vez en el nuevo territorio, no me fue dificil ubicarme y conseguir un trabajo como joyero en una fábrica, donde seguí aprendiendo el oficio y haciendo nuevos amigos.

Realmente me encantaba la belleza natural de la isla, la cual poseía muchas cosas que me gustaban a mi, empezando por las playas, la gente muy amigable y generosa, mas el negocio de la aviación que era muy activo, con muchas avionetas haciendo de aerotaxis por todas las islas aledañas las que estaban en un radio de unas noventa millas.

Despues de un corto tiempo me llegué hasta un aeroclub, donde empecé a relacionarme y a hacer amigos en ese ambiente, y pronto me invitaron a volar y a enseñarme la geografía del paisaje caribeño que sobrevolaban los aerotaxis en la isla.

Tuve suerte ya que tenía bastantes invitaciones para volar, debido a que me había ofrecido como piloto para lo que fuera y sin cobrár. Mi licencia no me lo permitía por no ser todavía la comerciál. Esta era solamente para acumular horas, hacer experiencia, o pasear, lo cual no era barato. Así que la mejor forma de alquilar las avionetas era compartiendo el alquiler de los vuelos con amigos o personas que querían volar conmigo. También el mismo aeroclub me dejaba llevar gente como vuelos de bautismo, o como taxi aéreo.

Y así poco a poco, con el tiempo logré reunir las horas que debía presentar para rendir el examen de la licencia que me habilitaría cobrar por los vuelos que hicera.

Continué trabajando como joyero durante los días regulares, y luego como piloto en los fines de semana yendo al aeroclub a ver si había algun vuelo como aero- taxi o de paseo.

Anécdotas en esta actividad tengo unas cuantas.

Ya que tenía que volar sobre agua, y generalmente la mayoría de los vuelos los hacían en avionetas de un motor, el stress se hacía sentir mas seguido.

Muchas veces me tocaba llevar gente a Saint Thomas, una isla a unas noventa millas, otras veces a Santa Cruz, ubicada mas o menos a la misma distancia, y también, a otros lugares mas lejos, a mas de una hora de viaje sobre agua, sin ver la costa de destino por un buen rato.

En uno de esos viajes me tocó llevar tres caballeros a la isla de Saint Croix a unas noventa millas de Puerto Rico, partiendo desde el aeropuerto llamado Isla Grande, que pertenece a la ciudad de San Juán.

Recuerdo que partimos a las dos de la tarde hacia la isla de destino.

Yo seguía atentamente el instrumento que estaba supuesto a indicarme el vectór de la ruta del vuelo, y aparentemente todo andaba bién. Hasta que después de un tiempo de estar volando me fijé en la hora, ya que tenía que comenzar a vislumbrar la tierra a lo lejos, pero todavía no se veia nada. Pensé que probablemente el viento en contra nos estaba demorando, así que me limité a seguir y esperar a que apareciera la isla en cualquier momento.

Pero eso no ocurrió, y lo que se veía adelante eran las sombras de las nubes en el agua que parecían ser tierra. Empecé a alarmarme, y los pasajeros también se dieron cuenta que algo estaba pasando y me empezaron a preguntar. Yo para tranquilizarlos les dije que el viento nos estaba demorando.

Dado que mis ojos chequeaban los instrumentos todo el tiempo, pude notar que la brújula estaba dando vueltas lentamente como si no tuviera magnetismo, y aparentemente el instrumento que me indicaba el rumbo, tenía fluctuaciones extrañas yendo la aguja indicadora de un lado al otro.

Me di cuenta que algo no andaba nada bién.

Decidí entonces a llamar a la torre del aeropuerto internacionál de San Juán pero no obtenía respuestas, mas podía escuchar a otros aviones comunicando a lo lejos.

Los tres muchachos que venían conmigo empezaron a desesperarse y a preguntar. Entonces les dije que había un problema con el intrumento de navegación, y que tendríamos que volver ya que no podíamos seguir internandonos cada vez mas en el océano, dado que en este momento no tenía noción hacia donde ibamos.

La brújula seguía errante, lo mismo que los otros instumentos, y probablemente yo había estado siguiendo un rumbo equivocado durante un buen rato, creyendo que estaba en la dirección correcta. Abajo las sombras de las nubes semejaban ser pequeñas islas que hacían mas confuso el panorama.

Decidí entonces hacer un viraje tratando de retomar el camino por donde habíamos venido pero en el mar y con una visibilidad no muy óptima no era fácil determinar la exactitúd de la maniobra.

Seguimos volando y yo llamando a la frecuencia de emergencia del aeropuerto de San Juán, hasta que despues de unos cuarenta minutos, tuvimos respuesta y nos habían localizado, en un área bastante alejada, yendo hacia mar afuera, lejos del punto de destino. Inmediatamente me empezaron a guiár hacia el aeropuerto.

Evidentemente el problema de la radio se estaba arreglando y asi también los instrumentos de navegación empezaban a funcionár.

Muchas veces me pregunté si ese problema no habría tenido algo que ver con el famoso Triángulo de las Bermudas donde las radiofrecuencias a veces se alteran, ya que estabamos en esa area.

Mis pasajeros se tranquilizaron y ellos también querian volver al punto de partida ya que estaban muy asustados. Llegamos al aeropuerto despues de unas dos horas y media de vuelo pero todavía con suficiente combustible para un rato mas.

Realmente tuvimos suerte y pensé que podía a ver sido mucho peor.

Finalmente viviendo ya mas estable en Puerto Rico me puse de novio, me casé y abrí mi propio taller de joyería, el que me proveía buen negocio.

La aviación fue quedando un poco de lado, ya que me di cuenta que había demasiada competencia para mi por el factor edad. Muchos pilotos eran mas jovenes que yo, y habían tenido mas oportunidades por poseer mas licencias, ya que por diferentes situaciones pudieron costearse los estudios, los cuales eran bastante caros para mi bolsillo. Pero de todas maneras para mi fué una buena inversión por las experiencias obtenidas.

Por otro lado mi negocio era mas estable y ganaba bién para vivir comodamente, así que poniendo en la balanza las conveniencias de una cosa u otra, esta se inclinaba mas en ese momento por el lado de la joyería.

El trabajar en mi taller durante la semana, mas los sábados y domingos yendo al aeropuerto a tratar de hacer horas de vuelo, no me daba mucho tiempo para el descanso. Asi que decidí interrumpir un poco las actividades de la aviación por el momento, hasta sentirme mas descansado y de paso disfrutar un poco de las hermosas playas del lugar, y visitár los sitios mas interesantes de la isla con mi esposa y amigos.

No me desconecté de los aviones, ya que cada vez que los extrañaba me daba una vuelta por el aeropuerto consiguiendo casi siempre hacer algun vuelo para no perder la práctica y de paso pasear un poco.

En una temporada que pasamos con mi esposa en Nueva York por cuestiones de negocios, nació nuestro hijo Chris, el que al pasar de los años encontró una buena esposa también, y junto con ella nos dieron dos hermosos nietos que llenaron de felicidad a toda la familia.

Después de unos meses volvimos a Puerto Rico, donde seguí siempre con mi taller de joyería.

Despues de diéz años en la isla decidimos viajar a Estados Unidos y radicarnos en el estado de la

Florida donde seguí mis actividades con el negocio de las joyas, hice nuevos amigos en la aviación y en el ambiente de la música.

Mi deporte favorito fue el windsurfing, el cual lo aprendí en las playas caribeñas y lo llegué a dominarlo bastante bién. Luego lo continué practicando aqui en la Florida, hasta que cambié esa actividad por el kayaking y la pesca donde hice algunos amigos.

El deporte del windsurfing decayó lamentablemente muchísimo. Cuando en los años ochenta y noventa en todas partes, las playas solían estar llenas de fanáticos a este deporte, hoy día, casi no se ven windsurfers aun en las mejores condiciones de viento.

Me convertí con el tiempo en un inmigrante ya establecido y asimilado a esta gran sociedád. Las aventuras del comienzo, de los primeros años como inmigrante pasaron a ser cosas del pasado pero me dejaron una gama de experiencias las cuales me enorgullecen contarlas y quisiera que sirvan de aliento a todos aquellos que piensan en dar ese gran paso hacia el extranjero, buscando lo que quizás les fué difícil encontrar en sus paises. El tiempo no se detiene y hay que approvecharlo. La aventura de emigrár deja mucha sabiduría de la cual no hay arrepentimientos sino satisfacción.

Hay algo de cierto en aquel dicho que dice;
"Nadie es Profeta en su Tierra".